国际综合格斗概论

毛智和　黄恩华　编著

北京大学出版社
PEKING UNIVERSITY PRESS

图书在版编目（CIP）数据

国际综合格斗概论 / 毛智和，黄恩华编著. — 北京：北京大学出版社，2018.4
ISBN 978-7-301-29379-9

Ⅰ. ①国⋯ Ⅱ. ①毛⋯②黄⋯ Ⅲ. ①格斗—概论 Ⅳ. ①G85

中国版本图书馆 CIP 数据核字（2018）第 035618 号

书　　　名	国际综合格斗概论
	GUOJI ZONGHE GEDOU GAILUN
著作责任者	毛智和　黄恩华　编著
策 划 编 辑	王显超
特 约 编 辑	赵立新　金永石
责 任 编 辑	王显超　翟　源
数 字 编 辑	陈颖颖
标 准 书 号	ISBN 978-7-301-29379-9
出 版 发 行	北京大学出版社
地　　　址	北京市海淀区成府路 205 号　100871
网　　　址	http：//www.pup.cn　新浪微博：@北京大学出版社
电 子 信 箱	pup_6@163.com
电　　　话	邮购部 62752015　发行部 62750672　编辑部 62750667
印 刷 者	北京方嘉彩色印刷有限责任公司
经 销 者	新华书店
	787 毫米 × 1092 毫米　16 开本　18.5 印张　430 千字
	2018 年 4 月第 1 版　2018 年 4 月第 1 次印刷
定　　　价	108.00 元

未经许可，不得以任何方式复制或抄袭本书之部分或全部内容。

版权所有，侵权必究

举报电话：010-62752024　电子信箱：fd@pup.pku.edu.cn
图书如有印装质量问题，请与出版部联系，电话：010-62756370

编 委 会

编　著　毛智和　　　黄恩华

编　委　郑文弘　　　金大欢　　　尹　澈

　　　　　王　晶　　　毛洪生　　　刘林青

　　　　　吴叶海　　　吴　明　　　沈武虎

　　　　　张小蝶　　　张亚东　　　陈　刚

　　　　　陈建强　　　陈善平　　　周晓鹏

　　　　　赵钟晖　　　黄建福　　　曹素琴

　　　　　龚良义　　　龚良新　　　傅　云

　　　　　曾　文　　　魏金彪　　　梁　俊

序一

毛智和老师在他任职的北大体育教研部颇有影响,这不仅因为他有业务专长且为人豪爽,还在于他刻苦钻研并潜心修炼。当他把一本厚厚的书稿《国际综合格斗概论》送到我的面前,邀我为其写篇序言时,我还是暗自吃了一惊。没想到,他因职责使然,校内校外奔波忙碌,竟能挤出业余时间撰写了这部著作,不禁令我刮目相看。

什么是格斗术,顾名思义就是人和人直接身体对抗时杀伤对手保护自己的技术。中华民族历来有习武之风,古往今来流传着许多拳坛武场的精彩传奇。悉心领悟并灵活运用综合格斗的要旨与技能,既可强身健体、匡扶正义,又能抵御外侮、保家卫国。这一传统发展至今,已成为风靡全球的一项专业竞技项目,有着极高的关注度和广泛的群众基础。

毛智和老师有着丰厚的搏击格斗专业知识和实践基础。他曾就读于上海体育学院,学生时代就多次获国际国内搏击比赛优胜;毕业后入伍进入武警部队,先后任武警总部和公安部前卫体协散打搏击队教练及主教练等职,所带队员在许多国内外搏击重大赛事中获得佳绩,名震天下。一路走来可谓风生水起,拥趸不绝。转业进入我校体教部工作后,心系教学和比赛,关注世界格斗技能的创新与发展,追踪国际综合格斗研究与教学的前沿,结合自己多年的教学和实践经验,形成了一整套集意志与品质、技巧与实用相融合的体系,并将其以教材的方式总结出来,呈现在大家面前。

纵观此教材的内容,主要围绕拳、腿和摔法等攻防技术展开并有众多绝技,注重实战对抗。我非专业研究者,对此不宜多作详述。但书中各项竞技课的展开,由浅入深,循序渐进,环环相扣,确有作者匠心独到之处。大凡有志于掌握和运用综合格斗技能的爱好者,无论是初学者还是专业人员,都可以通过学习实践从中获益。

在举国大力推行行业创新的今天，毛智和老师这部"互联网+"教材的出版，无疑对我校体育工作质量的提升是一个很好的范例，值得大力提倡和积极鼓励。相信他在今后的教学与研究中，一定会创造出更多更精彩的成果。这是他的愿望，也是我们的期待。

林钧敬

北京大学原副校长

二零一八年一月

序二

毛智和老师，是中国散打运动史上最早的一批专业运动员之一。凭着得天独厚的学习条件，出类拔萃的个人素质和坚持不懈的努力，从大学时代起，他就身经百战，活跃在国内外各类竞技武术比赛场上，取得了辉煌的战绩。大学毕业后参加工作，历任武警江西省总队、公安部前卫体协、武警总部散打总教练和主教练等职务，他以扎实的专业基础和灵活多变而又爽快干练的处事风格，从运动员自如地转换到教练和裁判的身份中去，实现了我国搏击运动史上一个个里程碑式的尝试和成就。他和散打界同仁们在组织中国散打运动员同国外拳击手、日本空手道和泰拳选手之间的对抗赛的过程中，不断地探索、修改和制订比赛规则，并不断调整和完善武术散打自身的技术与战术，以及训练方法。这些筚路蓝缕、披荆斩棘的开创性活动极大地推动了中国搏击运动的发展，也迎来了散打运动后来的鼎盛时期。

综合格斗（Mixed Martial Arts, MMA）是近年来国际上渐渐流行并传入中国的一项新兴竞技运动，其特点在于规则的极度开放性和格斗技术的综合性与全面性，被称为搏击运动中的"十项全能"。MMA的前身是近代巴西的无限制格斗（Vale Tudo），随着20世纪末UFC（Ultimate Fighting Championship）赛事的举办和格雷西家族对巴西柔术的引入而正式诞生。究其渊源，巴西柔术（Brazilian Jiu-Jitsu）则是在系统学习日本柔道包括寝技（降伏）战术和摔、拿技能以后发展出来的柔术新流派。在比赛规则上，不同于以往搏击运动的点数胜或以击倒为目的，MMA可以使用缠斗和制服技术，并以使对手丧失战斗力或放弃比赛为获胜标准。这使其练习更贴近现实格斗和自卫防身的需要，更接地气。较之传统武术，它对热爱自由又讲究实际的年轻一代显然更具有吸引力。

从文化交流与融合的角度来看，不同流派的武术运动是民族的，更是世界的，理应相互融合、相互参照，取长补短、互通有无。作为 MMA 标志性特征的地面技术，与许多国家固有的原生态武术也十分接近。举例来说，韩国本土所练习的传统跆拳道（远非成为奥运项目后的简化形态），以及中国民间某些摔跤流派的技术内容，就与之相差无几。

毛智和老师从部队转业后，应邀任教于北京大学体育教研部。他把专业的散打教学和训练以及正规的比赛引入了高校，在大学生中培养了一批成绩优秀的运动员和大量的爱好者。随着群众基础和队伍的壮大，毛老师以其远见卓识和专业优势，顺应时代潮流，又将综合格斗运动正式引入了大学课堂。为了配合教学的需要和比赛的规范化，也便于练习者的自我学习，毛老师于百忙之中拨冗认真编写了这套教材。本书是毛老师多年来珍贵的实战和教学经验的结晶。

书中展示的降服术和重击技术部分很大程度上体现了 MMA 不同于其他格斗项目的技术与战术特点，对固技和绞技（包括膝固、肩固、十字固、裸绞、锁臂等）以及体位、防守、防守突破、逃脱与复位等都作了具体完备的说明和讲解。书中内容翔实，体例编排合理，有清晰的文字说明，并配有丰富的图片和二维码视频资料。该书深入浅出，看似简单明了、易于掌握，但亦有待于读者在练习过程中勤加揣摩，方可悟入其堂奥。

本书可说是为推动 MMA 运动在中国的发展应运而生的。由于毛智和老师的经验、才智和辛勤付出，本书的指导价值在同类书籍中是不可多得的。本书极大地方便了 MMA 在高校的推广，也可供专业运动员和教练以及健身俱乐部教练和业余爱好者参考使用。我们愿向所有珍视健康、热爱竞技武术运动的人们和广大读者郑重推荐此书。相信本书的问世对于 MMA 在中国的发展，乃至全民健身理念的普及也将是功不可没。值此教材出版之际，也向毛智和老师表示热烈的祝贺和衷心的感谢。

原国际武术联合技术委员会主任

国家体育总局对外交流中心书记、主任

二零一八年一月

前言

现代综合格斗 MMA（Mixed Martial Arts），是经过长期实践，融合拳击、散打、擒拿、跆拳道、截拳道、巴西柔术、摔跤、空手道、法国踢腿术等多种体育运动的产物，被誉为搏击运动中的"十项全能"。

1967 年，李小龙先生通过跨流派、跨领域的交叉训练，采用踢、打、摔、拿等无限制技击理念，开创设立"JKDMMA"（截拳道综合格斗），被国际武术界视为现代综合格斗运动全球化的开端。

综合格斗从开始萌芽到逐渐成熟，不仅是世界多项体育运动逐渐融合，更是全球不同运动文化的深度融合。经过 50 多年的不断发展，MMA 风靡全球。

亚洲最有代表性的路德 FC（ROAD FC），于 2010 年 10 月拉开第一场比赛战幕，提出了"尚武崇德 环球路"的口号，为亚洲格斗注入活力，并逐步进军世界综合格斗界。路德 FC 职业赛事办得有声有色，影响力冲出亚洲走向世界，在 60 多个国家的 150 多家媒体播出。目前，路德 FC 在全球有上千家拳馆俱乐部，每个月有 150 多场各类晋级赛事，拥有完善的教学体系和训练课程，旨在把综合格斗以标准化模式发展成为一项全民普及的体育运动。路德 FC 赛事包括男子职业联赛、女子职业联赛以及青少年健康成长赛。针对 4 岁以上的儿童及中小学生，还专门开设了针对性的综合格斗课程与赛事，为推动综合格斗全民普及不断努力。

2015 年，北京路德文化传媒有限公司将源于李小龙先生的国际综合格斗赛事品牌路德 FC 带回中国，在上海为中国观众呈现了第一场精彩绝伦的赛事。随着路德 FC 等相关综合格斗赛事进入中国，人们对格斗运动的关注度越来越高。

2016 年 11 月，路德 FC 与北京大学合作成立北大路德国际综合格斗研究会，并与全国

C9 高校联盟共同启动大学生国际项目，成立高校格斗联盟，增设综合格斗学科，举办大学生格斗联赛，意在培养人才以及举办足以吸引国际知名高校学生参加的 MMA 奥运会。通过开展这一项目，不仅可以培养包括选手、裁判、教练、运营、体育市场营销等国际性综合格斗体育人才，还可以促使更多高学历人才参与到国际综合格斗之中，共同构建世界大学生文武交流平台，进一步推动中国武术和文化更好地与世界各国武术进行融合，创造更多国际文化交流互动的机会。

目前，综合格斗比赛已逐步成为世界搏击类比赛的发展方向，青少年对这项运动的热爱，必将使该项运动更加充满时尚魅力。

中国的综合格斗事业虽然起步较晚，但中国武术的历史源远流长，"尚武崇德"精神一直是中华民族蓬勃发展的动力之一，加之多元化的武术流派百家争鸣，势必为世界综合格斗事业注入鲜明的中国元素。占据中国综合格斗半壁江山的路德 FC，将是这项伟大事业的有力推动者和践行者。

本书图文并茂，以影像视频的形式将综合格斗的基础训练和技术形态生动地呈现给读者，将综合格斗技术标准化、系统化、理论化、视觉化，希望能为综合格斗事业在中国的普及和发展作出贡献。

目录 | Contents

第一章　综合格斗基础　1

1　中国武术 …………………………………… 2
2　综合格斗 …………………………………… 3
3　基础训练 …………………………………… 5
4　心像训练和技术训练 ……………………… 6
5　身体重心和移动训练 ……………………… 7

第二章　站立打击技术　11

1　防守、站姿和步法 ………………………… 12
2　拳击、踢法和防御 ………………………… 60

第三章　摔跤技术　127

1　站立时的常用技术 ………………………… 129
2　摔跤技术的动作要领 ……………………… 140

第四章 地面技术　199

1 地面体位的种类 …………………… 201
2 防守的种类 ………………………… 203
3 腰胯训练 …………………………… 207
4 防守突破 …………………………… 218
5 浮固 ………………………………… 228
6 骑乘式姿势 ………………………… 229
7 摆脱 ………………………………… 232
8 逃脱和复位 ………………………… 237
9 降服术 ……………………………… 255

第五章 重击技术　273

1 出拳攻击和防守的基本练习 ………… 275
2 重击出拳突破冲破防守的动作练习 …… 278

第一章

综合格斗基础

1 中国武术

1 历史背景

据历史记载,早在春秋战国时期就已经出现了赤手空拳进行功夫较量的格斗比赛,类似现代综合格斗的中国武术项目在那时就已经出现了。

中国武术虽经历了漫长的历史变迁过程,但仍然坚持其固有的精神和信念。中国武术要发展,就要更好地应对外部环境的变化,还要以现代化的思维解决面临的问题。在1911—1949年期间,中国传统武术为了实现初步的科学化和现代化,在一定程度上去除了自身固有的封建性、保守性及神秘性等特征。

1949年中华人民共和国成立后,中国武术更是紧跟当代体育发展的步伐,不断地实现着自我突破与更新。如今,中国传统武术正日益被世界广泛接受,有关中国武术的科学研究也取得了丰硕的成果,开创了中国武术发展的新局面。因此,接纳和推广综合格斗这个与武术的形态及历史背景相似的体育项目,对中国武术的发展有着重要的意义。

2 在中国的发展

近些年,为了促使中国武术的发展,我国进行着各种尝试,除了将更多的武术项目申请纳入奥运会比赛项目之外,还积极关注并鼓励其他武术项目的发展。这说明我国对发展现代武术项目,巩固体育强国的地位有着充分的认识,也说明我国不仅致力于武术自身的发展,还致力于竞技体育的多样化,以促进东西方文化的交流与融合。

目前,中国武术的魅力逐渐为世人所感受,中国武术本身也成为世界各地了解中华传统文化的窗口之一。

因此,开发和发展类似综合格斗这样既新鲜又刺激的职业格斗体育项目,并促使该项运动的大众化,将更有利于巩固中国在世界武术强国的地位。

2 综合格斗

1 比赛特征

综合格斗是顺应时代潮流、符合现代要求的职业格斗运动项目之一。综合格斗比赛时，选手除了具备敏捷性、柔软性、心肺持久力及顽强的斗志等身体素质之外，还要具备全面理解和把握比赛节奏的能力。

在比赛中，选手自我控制比赛进程的精力和体能，会对比赛结果产生极大的影响。此外，选手在比赛的身体接触中，除了能感受身体和心理的竞争压力之外，还能培养出健全的社会人格所必备的忍耐力和爱心等。

综合格斗与其他竞技体育项目不同，选手在比赛时所需的战略和战术的变化迅速而多样，因此，综合格斗的训练方法和技术形态的范围广泛而多样，需要结合其他竞技型体育项目协同训练。可以说，这是综合格斗最重要的价值和特征。

2 技术形态

本书大致将综合格斗常用的技术形态分为以下三个项目：

第一，利用四肢击打对手的打击类。

第二，以摔倒对手为目的的擒拿类。

第三，利用勒或缠绕等技术制服对手的地面类。

（1）打击类是指利用手、脚或膝盖等身体部位击打站立对手的打击形态。拳击（Boxing）、踢拳（Kickboxing）、泰拳（Muay Thai）、跆拳道（Taekwondo）等都属于这一类。

在站立打击类体育项目中，禁止运用抛掷对方、摔倒对方、击打已摔倒的对方或捆抱等技术。

（2）擒拿类体育项目的代表性项目是柔道、业余摔跤、相扑等。此类体育项目分为两脚站立姿势和膝关节以上身体部位接触地面的姿势。

以站立姿势摔倒对方可以得分，而地面姿势可以在一定程度上使用勒或缠绕的技术，但在规则的范围和程度上有别于下面要介绍的地面类。

（3）地面类是包括膝盖在内的身体的一部分接触地面后，允许大量运用勒、缠绕等技术的体育项目。

与擒拿类项目相比，此类项目的比赛多在专用地面场地举行。其代表性的竞技体育项目有柔术、桑搏、巴西式摔角等。

综合格斗中使用的技术有些是从一种体育项目中演变而来的，但是大部分是由两种以上的项目复合而成。

另外，综合格斗比赛规则囊括了打击类、擒拿类、地面类的所有规则。因此，要想学习规则繁多的综合格斗，不仅要学习各类项目的基本技术，而且还要熟记各类项目的规则。

在打击类项目中，要掌握基本攻击与防御所需的基本站立姿势和步法、拳的位置和姿势、伸臂时身体重心的移动等基本知识；在擒拿类项目中，要掌握攻击与防御时，下肢的位置、姿势及步法的基本知识；在地面类项目中，要掌握地面战的各种技术和移动技术及形成这些技术的最基本动作，还要最大限度地熟悉和掌握各种地面情况下，与自身的身体状况匹配的移动动作。

3 基础训练

人的身体结构和特征存在个体的差异，即便采用同样的技术，取得的效果也不尽相同。例如，扭屈肘关节的技术的成功与否取决于扭屈肘关节所需的各种动作的协调性。但是因为身体结构的差异，所以同一种技术在不同人的发挥中会得到不一样的结果。

对初学者而言，与试用技巧的概率相比，成功的概率更低，究其原因大致有以下两种：

第一，在训练中，没有认识到技术发挥的效果会因每个人的身体结构与特征的差异而不同。

第二，把注意力集中在结果上，而忽视了技术衔接时的过渡动作。和高水平选手相比，初学者更容易出现这种问题。不过，随着运动水平的逐渐提高，技术失败的概率会逐渐降低。

因此，在初学阶段投入大量的时间和精力练习掌握基础动作，将有助于掌握在中、高级教材中讲解的更加综合、复杂的技术要领。

4 心像训练和技术训练

心像训练（Image Training）是在综合格斗的初级学习阶段不能忽视的重要环节。它的训练与否，直接影响格斗运动中必要动作的正常发挥。

心像训练可以提升选手应对不同情形的能力，也可以减轻运动员因技术训练而产生的压力，还可以培养运动员多视角观察情况的高度注意力。因此，心像训练在综合格斗训练中占据着重要的位置。

有关心像训练的说明，在技术说明过程中会反复强调，这将有助于学习者拓宽理解技术的视野。

综合格斗可以用相邻系列项目的技术形态弥补个人在专项技术上的缺陷。结合实际情况，通过提高相邻系列项目的技术水平来提高个人的技术均衡感和水平，是综合格斗有别于其他竞技体育的明显特征。

因此，初学者学习综合格斗时，要尽可能地集中注意力，把重点放在练习三大系列项目运动形态的最基础动作和培养技术均衡感上。

本书将反复强调三大项目技术形态必须掌握的最基本动作。综合格斗是多种体力和技术相结合的复合技术型运动项目，因为要掌握它，仅靠学习一种技术形态是远远不够的。这是本教材编写者通过十年以上的综合格斗训练及实战所达成的共识。因此，为了熟练掌握综合格斗的基本技能，学习者务必要集中精力学习本教材反复强调的要领。

理解和熟练掌握综合格斗的基本技术形态和原理，对于理解今后所要接触的中、高级教材中的技术体系和形态尤为重要。本教材的编写着眼于让初学者掌握基本的技术和必要的移动，可以作为进入更高阶段学习时所需基本技术的参考资料。具体来说，中级教材以本教材提到的心像训练为中心，以技术衔接所需的移动为主；高级教材则是由三大系列项目间的不同技术衔接时所需要的实战训练方法构成。

# 身体重心和移动训练

重心（Center of Gravity）是物体在均匀分布的状态下，能够保持物体均衡的点，或维持物体质量平衡的支点，即重力集中的点。重心是由均衡（Balance）这个体力要素所决定的，足以使物体保持稳定。因此，充分认识到人的身体中也存在着维持各种均衡的重心，对于掌握运动项目中的各种动作和移动来说是至关重要的。

重心一般接近于质量（Mass）高或重量（Weight）更大的位置上。不管是提高人的体重，还是让动作或移动变得更重，都没有想象的那么难。这是因为此类动作或移动，像单纯的日常活动或行动乃至为实现特定目标所做的竞技动作一样，已经被人体机能所适应。

人体的重心的位置取决于两点：第一，根据肌肉的含量、骨骼的大小和形状等生物学特征的不同而不同；第二，随着人体做出的动作和移动而发生变化。换句话说，如果上肢和下肢的姿势、位置或身体形态发生变化的话，身体重心也会随之发生变化，这对身体重心的变化会产生最直接的影响。具体说明如下：

（1）比较一下身体重心位置在生物学特征上表现出的差异。人体的重心一般集中在肚脐附近。从生物学角度看，男子的上身比女子发达，因此男子身体重心的位置要高于女子。相对而言，女子身体重心的位置要低于男子。这意味着男子的上身重量比下身重量大，而女子的下身重量比上身重量大。

（2）重心会直接受到竞技动作或人体移动的影响。例如，当两脚平稳站立时，身体重心在肚脐附近；当身体由两脚平稳站立转换成单脚站立时，重心会转移到单脚撑地的一侧；当两脚站立间距大于肩膀宽度且单腿屈膝时，身体重心会转移到屈膝的一侧。

如上所述，人体重心会随着不同技术动作的施展而持续不断地发生变化。因此，学习综合格斗技术时要懂得重心变化的原理并积极利用它。

对运动进行说明或分析时，重心是不可或缺的内容。但是，为了学习像综合格斗这样的搏击类运动，单纯地理解这个知识点还不够，要把重心作为身体移动的必然要素加以理解才行。

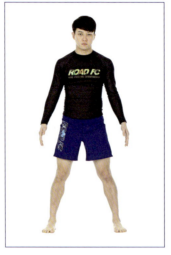

① 两脚站立与胯骨同宽,手掌朝前的姿势

两脚站立与胯骨同宽,手掌朝前的姿势(基本姿势)。身体重心在肚脐高度的位置

② 两脚站立与胯骨同宽,双臂向左右伸展的姿势

双手向下伸展。双手上抬,身体站立,身体重心肚脐周围最低的位置

③ 两脚站立与胯骨同宽,双手向上双臂伸展的姿势

双手向上伸展。双手上抬,身体站立,身体重心在肚脐周围最高的位置

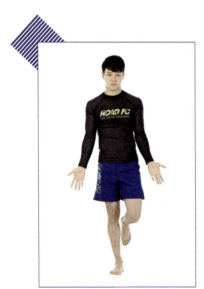

④ 单脚站立,手掌朝向正前方的姿势

单脚站立,身体重心大致与肚脐同高,并偏向于左脚或右脚支撑地面的一侧

⑤ 两脚前后分开站立,身体重心大致与肚脐同高,从侧面观察,身体重心在头部和脚的垂直线上

⑥ 两脚前后分开站立,头部与后脚保持垂直,手掌朝向正前方的姿势

双膝跪地的姿势

双膝跪地，身体重心高度与肚脐位置同高，低于站立时身体重心的位置

俯卧姿势

身体俯卧，双手承重，臀部放低，身体重心保持在肚脐上下的位置

双手承重，腹部朝向正前方的姿势

身体侧卧，双手承重，臀部放低，身体重力集中于手部，身体重心高于肚脐的位置，并向手的方向移动

接触地面的脚支撑身体重力的姿势

脚的前面承重。这种脚前面承重的动作很难做，如果能做，臀部要抬升，身体重心降至肚脐下方，并向承重脚的位置移动

第二章

站立打击技术

1 防守、站姿和步法

1 基本姿势和移动

在综合格斗比赛中，强有力的拳击（Punch）和踢腿（Kick）是决定胜负的重要因素之一。拳击和踢腿会给比赛结果带来直接的影响，这一点不容置疑。但是要想通过拳击和踢腿给比赛带来好的效果，就绝对不能低估防守（Guard）、站姿（Stance）和步法（Step）在比赛过程中的作用。

这三种要素的重要性主要表现在：第一，防守可以提升拳击和踢腿的正确运用及实战应用能力；第二，站姿可以促进身体重心及身体各个部分间的互相协调，是有效运用拳击和踢腿的基础；第三，步法对于基本技能的行成，诸如准确把握与对方间的打击范围、调整有效打击距离等，起着重要作用。

综合格斗不是随意挥手抬脚那么简单，只有恰如其分地运用好这三种要素，才能熟练掌握强有力的拳击和踢腿技术。

学习站立打击技术时，一般先学习防守和站姿，再学习步法、拳击和踢腿。熟练掌握以上要素的基本动作后，就无须拘泥于初学动作时的顺序先后问题，可以从多角度、多层次学会更多的技术和动作，使得整体技术水平逐渐提高。因此，要充分认识这些要素的重要性，从初期学习最基本最基础的姿势、动作开始就要打好功底。

防守、站姿和步法不仅是综合格斗中的最基本、最基础的要求，也是一般站立打击类体育项目中的最基本、最基础的要素。

防守是用双手保护面部时运用的防御技术。打击类体育项目中的防守虽有诸多技术，但本教材着重选择选手们使用最多的姿势和方法进行讲解，以便使初学者快速掌握基本的姿势。此外，为便于初学者的理解，本书还按照双手位置高度的不同对防守进行了分类。

站姿是实施有效拳击和踢腿的准备姿势，而步法是把身体重心向前后和左右移动的动作。因此，要熟练掌握有效的打击类技术，就绝对不能低估学习防守、站姿和步法的重要性。

在一般的打击类体育项目中，拳击和踢腿是与脚步的移动几乎同时或紧随其后发生。换句话说，站姿和步法的活用能力，决定着相应地要采用什么样的拳击和踢腿的形式及种类。因此，为了确保有效的拳击和踢腿，在打击系列的基础训练过程中，理解并熟练掌握站姿、步法等技术也是至关重要的。

在职业比赛中有时可以看到，有些选手拳击或踢腿能力很强，而站姿和步法的活用能力却比较差。不过，大部分职业选手还是在理解和掌握了基本技术后，在比赛中把最能展现自己优点的站姿和步法活用出来，以此来证明自己的实力。因此，要根据对方的比赛风格来活用自己的站姿和步法，此内容也自然包含在赛前制定的战略战术中。

虽然有时也会发生战略战术不变而效果更佳的现象，但是在多数情况下都是将所掌握的基本技术原理活用于实战的结果。

在打击类项目中，拳击和踢腿时能够击打到对方的距离叫作打击距离。打击距离取决于脚的位置和步幅，还会因个人身体要素的差异而有所不同。一般来讲，拳击的打击距离要比踢腿的打击距离短，而且拳击的打击距离跟踢腿的打击距离相比，需要更多的身体移动和更快的速度。此外，在可踢腿的打击距离和可拳击的打击距离的攻防过程中，拉长或缩短打击距离的个人力量和能力可以瞬间改变拳击和踢腿各自具有的优、缺点。

为了学习并正确地运用打击距离，要将步法中脚的位置、间距、步幅以及身体重心的移动等合理地搭配使用。因此，熟练掌握站立打击技术之前，不仅要分清自己的左右脚中哪只脚能够有效地完成站姿和步法，还要把握好适合的双脚间距。

双脚交替使用的站姿被称为换步（Switch Step）。最近，使用这种站姿形式的选手数量呈增加的趋势。但是对于初学者来说，在左右脚中选定基本的站姿和步法以后，再去一点点地积累多种多样的站姿和步法经验，才是可取之道。

2 脚踝、腰胯和躯干的协调

要想利用有效的站姿和步法来实施拳击和踢腿，首先一定要理解掌握身体和重力移动的原理。高效的拳击和踢腿取决于脚踝、腰胯和躯干之间合理的相互协作。

初学打击技术时，一般会偏重于攻防中必需的打击形式或技术动作的训练。虽然为基本姿势所做的技术动作训练很重要，但是无视身体重力移动原理而盲目地进行技术训练的话，反而会降低学习的效率。因此，对于刚刚接触打击系列项目的初学者来说，即便是对身体重力移动的原理感到生疏，也应该多去体验并理解它。

将自己的体重和力量通过脚踝传到腰胯再传到躯干直至施向对手的过程是一种能力，这种能力与强有力的拳击和踢腿有着密切的关联。因此，初学者应该学会把身体重力移动原理运用到技术动作上。

此外，在技术动作的训练过程中，还应该注重拳击或踢腿完成后，随即将身体重力由躯干通过腰胯传达到脚踝的能力训练。

拳击和踢腿的一般准备姿势是双脚站立的姿势，此时身体重力集中在双脚上。要想实施高效的拳击和踢腿攻击，就要把位于双脚的身体重力迅速转移到施展拳击或踢腿的部位上。

把位于双脚上的身体重力向单脚转移的能力，跟快速的拳击和踢腿有着密切的关联。体重由双脚转移到单脚，为双手和另一只脚发动攻击创造了有利的条件。因此，决不能忽视转移身体重力的基本技术训练（Mixed Martial Arts Technic Training）。

事实上，踢腿和拳击都分别有两种形式的攻击轨道：一种是类似直拳的直线形式的攻击轨道；另一种是类似上勾拳或勾拳的弧形攻击轨道。

不过，有趣的是选择使用何种形式的拳击或踢腿并非取决于攻击轨道，而是由身体旋转的动作决定的。从支撑体重的脚踝到腰胯再到躯干，由于人体构造的特殊性，会使得身体的各个部位朝着相同或者不同的方向旋转，力量和身体重力也会自然地随之移动到各自的身体部位。像这种身体各部位自然移动的结果，促成了高效拳击和踢腿的基本条件。

大部分初学者不了解身体自然移动的原理，或缺乏有关身体自然移动的经验，因此经常会错误地把注意力集中在拳击或踢腿技术的学习上，或侧重于练习华丽的技术。这种情况对于初学者来说可能很正常，但是不理解身体及其移动的原理，而只专注于击打技术学习的话，是很难熟练掌握把体重和力量传达到拳击或踢腿上的基本技术。

因此，将脚踝、腰胯和躯干的移动融入到基本拳击和踢腿的练习中是非常重要的。熟练掌握这些基本技术，会让今后学习中、高级拳击和踢腿的衔接技术变得更加容易。

关于体重转移的相关动作练习

① 双脚并排站立,间距与肩同宽

② 一只脚固定位置不变,另一侧脚踝的前轴接触地面并向身体内侧旋转

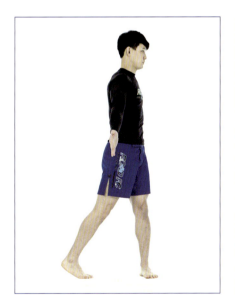

③ 腰胯随着脚踝的转动朝同一方向自然转动

- 将动作①到④连贯起来做一遍

④ 躯干也随着脚踝和腰胯的转动而转动

3 脚踝在稳定站姿中的功用

1) 脚踝的功能和重要性

稳定是施展所有动作的前提。良好的稳定性能使身体移动更准确，并让身体爆发出更大的力量。

支撑着大腿的脚踝形成的稳定姿势，在向上身传输更大的力量时扮演着重要的角色。这对于所有需要身体高效移动的体育项目来说都是一样的，因此为了取得高效的移动，就要发挥好脚踝和脚在运动中应有的功能。

人在站立时是靠脚、脚踝、膝关节和腰胯间的相互作用维持身体的正常姿势。

脚位于下肢的最远处，它在维持人体均衡中所占的比重相对较小。但在人体站立时，它是维持身体重心、支持体重转移及力量传达的最基础部位。因此，一定要充分认识到脚踝的功能和重要性。

2) 稳定站姿的选定

把善于移动身体重心的脚放在前面。如果尚未分清哪只脚运用得更灵活，可以尝试分别用单脚向前后左右跳跃的方法，挑选出更容易稳定身体重心的那只脚作为优先启动的脚。

好的站姿和步法会因脚踝功能的不同而有很大的差别，确保了脚踝的柔韧性和灵活性，就会让身体重心的转移和移动方向的选择变得极为容易。

不论是哪只脚被选定，当脚踝的移动受到限制时，膝关节的弯曲与舒展受到限制的可能性就会大大增加，甚至会使腰胯的移动也受到限制，从而导致与拳击、踢腿以及防御姿势（水平闪躲、垂直闪躲、滑步）、抱摔（Tackle）等其他技术连贯的训练受到极大的影响。这样一来，就很有可能把错误的姿势当作习惯一直持续下去。

如果在姿势不稳定或不正确的状态下转入更高技术阶段的话，日后不仅需要重新学习基础技术，而且要想把已有的技术水平提高上来，会遇到更多的困难。因此，脚踝功能训练的重要性，早在学习打击之前就要认识到。

具备良好的脚踝功能，不仅可以高质量地运用站姿和步法，而且可以轻松地学会拳击和踢腿时所必要的身体重心的移动。

选定站姿的测试方法

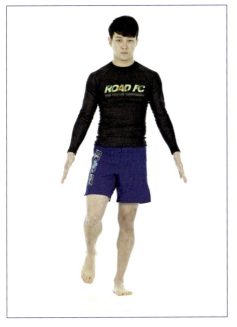

① 在地上画出十字形（十）图案，单脚站立在十字中心处

② 单脚站立后，双手叉腰，保持重心不变

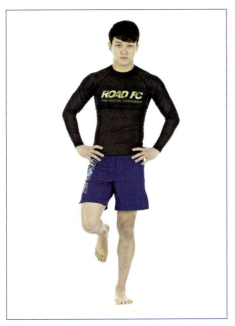

③ 单脚向前后连续各跳 3 次

④ 单脚向前后左右连续各跳 3 次
- ③ ④ 不管朝哪个方向跳，原则上都要回到站立的原位
- 通过检查单脚完成动作所耗费的时间以及是否准确回归原位来测定脚踝的功能，然后比较左脚踝和右脚踝各自的测定值，得分高的脚在实施站姿时优先使用

4 站姿

1) 站姿的训练方法

站姿也即站立姿势，指的是指为了拳击或踢腿，双脚脚掌触地，站立形成的姿势。

站立时，双脚的摆放角度以脚拇指朝向正前方或略微倾斜为主，前脚与后脚从正面看不在一条直线上。当然，脚拇指的指向会因个人身体特征和形态的不同而表现出差异。不过，双脚或前后脚拇指的方向与身体姿势和位置无关，它可以随着身体重心的移动及拳击和踢腿的施展而做出或可能做出调整。

基本站立姿势一般分为两种：一种是双脚拇指同时倾斜，双脚平行站立的姿势；另一种是前脚拇指朝向正前方，后脚拇指偏向身体内侧站立的姿势。

在拳击和踢腿时，前脚拇指朝向正前方的姿势，对于拳击后运用左右步法，或拳击后立即踢腿的动作很有效。因此，选用这种站姿方法的，主要是那些可以运用拳击和踢腿的站立打击系列项目的选手们。

与此相反，双脚平行，脚拇指倾斜的站姿，跟拳击和踢腿组合运用的状况相比，在步法的快速活用、体重的迅速移动，以及从对方的打击距离中迅速脱离等方面更具优势。因此，它是拳击选手们偏爱的站姿方法。

准备基本站姿时，要注意从正面看前脚和后脚是否处在一条直线上。前脚和后脚在一条直线上的站姿会造成拳击、踢腿、扭倒（Take Down）等攻击和防御动作的不便和低效。因此，要练就成从正面可以看到前脚小腿外侧部分和后脚小腿内侧部分的基本站姿技术，这一点非常重要。

确定站姿以后，还要了解前后脚的身体重心移动问题。所谓有效的站姿，不仅要能使身体在不同环境下维持住前后左右的平衡，而且还要看能否使身体从失衡状态中迅速得到恢复或移动。说到底，就是为站姿的变化所需要的身体重心移动的速度，对于利用步法所要完成的身体移动和动作会产生直接的影响。

一般情况下，身体重心位于双脚中间的位置。前进时，有利用后脚移动身体重心的基本动作；退回原地或向其他方向转换时，有利用前脚（作为中心轴或回到原地时使用的脚）移动身体重心的基本动作。

初学者应该通过练习这些基本动作，掌握身体重心的前脚和后脚的移动方法。身体重心应尽量保持在双脚中间的位置。为了避免失去重心，要做到膝关节、腰胯和躯干适度移动，注意保持它们之间的相互协调。

2）站姿的种类

站姿大致可分为基本站姿（Basic Stance）、高站姿（High Stance）和低站姿（Low Stance）三种形式。高、低两种站姿又各自分为右站姿（Orthodox Position）和左站姿（Southpaw Position）。

基本站姿、高站姿、低站姿的比较图

① 基本站姿

② 高站姿

③ 低站姿

(1) 基本站姿。

基本站姿

① 双脚站立，间距与肩同宽，双手叉腰

② 双脚脚拇指方向要形成30°～45°夹角

③ 一只脚位置固定不变，另一只脚沿直线方向后移，形成基本站姿

- 后脚脚跟不能触地，身体重心保持在双脚中间的位置，防止双臂晃动

基本站姿的移动基础练习

① 双脚站立，间距与肩同宽，双手叉腰

② 双脚脚拇指方向形成30°～45°夹角

③ 一只脚位置固定不变，另一只脚沿直线方向后移，形成基本站姿

④ 身体重心转移至后脚，后脚推动身体向前移动

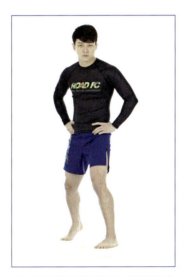

⑤ 身体重心转移至前脚，前脚推动身体向后移动

- 交替练习动作④和⑤。移动练习中，身体重心维持在双脚中间的位置，保持下颚内收

（2）高站姿。

高站姿是双脚分开幅度较小的站姿，因此较容易进行重心的移动和方向的转换。这种

站姿适合在拳击、踢腿、擒拿或扳倒对方时使用。此外,高站姿的情况下,步法运用的灵活度高,且便于在拳击和踢腿攻击时形成合适的攻击角度。

高站姿

① 双脚站立,步幅小于肩膀宽度,双手叉腰

② 双脚脚拇指一方向形成30°~45°夹角

③ 一只脚位置固定不变,另一只脚沿直线方向后移,形成高站姿

高站姿移动的基本练习

① 双脚站立,间距小于肩膀宽度,双手叉腰

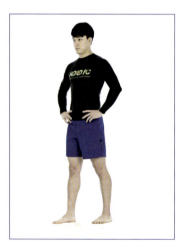

② 双脚脚拇指朝方向形成30°~45°夹角

③ 一只脚位置固定不变,另一只脚沿直线方向后移,形成高站姿

④ 身体重心转移至后脚，后脚推动身体向前移动

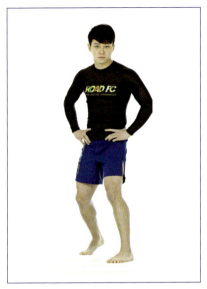

⑤ 身体重心转移至前脚，前脚推动身体移动到后方

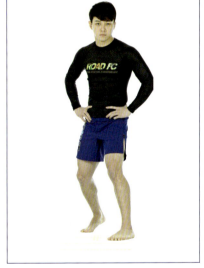

⑥ 交替练习动作④和⑤

（3）低站姿。

低站姿是双脚分开幅度较大的站姿，比起高站姿更有利于维持较低的身体重心。低站姿者向高站姿者实施以迎击拳（Counterpunch）为代表的抱摔和扭抱等攻防时，可以保持相对较低的身体重心。可以说，在身体重心的攻防中，低站姿是一种能够优先抢占有利姿势的站姿。

低站姿

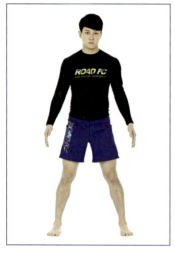 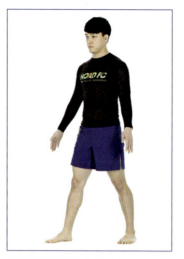 

① 双脚站立，间距大于肩膀宽度，双手叉腰

② 双脚脚拇指方向形成30°～45°夹角

③ 一只脚位置固定不变，另一只脚沿直线方向后移，形成低站姿

 **低站姿移动的基本练习**

 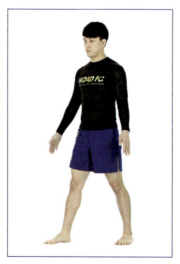 

① 双脚站立，步幅大于肩膀宽度，双手叉腰

② 双脚脚拇指朝方向形成30°～45°夹角

③ 一只脚位置固定不变，另一只脚沿直线方向后移，形成低站姿

④ 身体重心转移至后脚，后脚推动身体向前移动

⑤ 身体重心转移至前脚，前脚推动身体向后移动

⑥ 交替练习动作④和⑤

- 能恰当地结合运用以上三种站姿，就可以使身体自由地向上下左右移动，身体重心的可移动范围也会扩大。在此基础上便可以实施拳击、踢腿和扳倒等多种形式的战略战术

5 防守的基本姿势

防守（Guard）是利用双手保护面部的防御技术。防守技术包含多种形式，主要在打击系列的格斗体育中运用。防守最基本的动作是轻握双手保护面部。此外，还要将臂肘贴近躯干，利用肘关节、前腕或手来防御对方攻击。基本的防守包括：高位防守（High Guard）、标准防守（Standard Guard）、低位防守（Low Guard）等。

1）高位防守

高位防守是双手放置在与额头等高位置上的防守姿势，它对于防御对方朝自己面部的拳击和踢腿等攻击非常有效。但因为身体重心高于其他防守姿势，所以如果不能保持适当的打击距离，将给活用步法、防御抱摔和低踢等增加难度。

高位防守

① 准备基本站姿

② 双手轻握拳，拳头位置高于肩部，放置在自己头部的上半部分

③ 双臂肘关节尽可能贴近躯干

- 练习防守时，保持下颚内收的姿势

2) 标准防守

标准防守是双手与肩膀等高的防守姿势。双方对决过程中需要高位防守时，标准防守比起低位防守可以更快地转换成高位防守姿势；而需要低位防守时，与高位防守相比，标准防守又可以更快地转换成低位防守姿势。基于这样的长处，标准防守成为很多综合格斗选手选用的防守姿势。

虽然大多数综合格斗职业选手有偏爱标准防守的倾向，但是随着比赛战略和战术的发展，已经形成了选手们把各种防守姿势混合起来综合运用的趋势。

因此，为了更有效地利用拳击、踢腿、抱摔等技术，选手们应该具备综合运用多种防守形式的能力。

标准防守

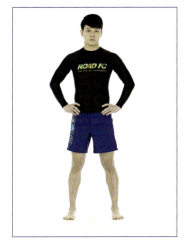
① 准备基本站姿

② 双手轻握拳，拳头抬到与肩膀等高的位置

③ 双臂肘关节尽可能贴近身体

3）低位防守

低位防守是双手位置低于肩膀的防守姿势。低位防守对防御像抱摔这类的擒拿术攻击有很好的效果。不过，因为低位防守会把面部直接暴露在对方面前，所以攻击时要保持合适的打击距离，谨慎地活用步法。

 低位防守

① 准备基本站姿

② 双手轻握拳，拳头位置低于肩膀，与前胸等高

③ 双臂肘关节尽可能贴近身体

高位防守、标准防守、低位防守比较图

4）综合防守

综合防守（Combination Guard）是根据不同的情况，将高位防守、标准防守、低位防守综合运用，适时调整双手防御高度的防守形式。这种防守形式多运用在类似综合格斗的格斗体育中。

防御头部被攻击或为了踢腿，可以运用高位防守；防御躯干部位或为了抱摔，可以运用低位防守；防御面部被攻时可以运用标准防守，而实施抱摔时要变换为低位防守，等到施展踢腿时则要转换成高位防守。综合防守可以根据不同情况灵活应用。

综合防守姿势的基本练习

① 准备基本站姿

② 轻握拳头，完成高位防守姿势后，向标准防守姿势转换

③ 完成标准防守姿势后，向低位防守姿势转换

④ 动作②、③顺序交替，反复练习

• 练习防守时，两肘关节尽量贴近躯干，下颚保持内收

5）挡拳防守

挡拳防守（Guarding）是指朝对方来拳的方向拳击，中途截断对方拳击的防御动作。

① 双方同时准备基本站姿　　　　　　　② 对方实施刺拳攻击

③ 利用自己的右直拳阻断对方刺拳的攻击轨道

④ 完成上述动作后，自己出拳拦截对方的那只手要迅速收回，另一只手做出保护面部的防守姿势

6）破击防守技术

破击防守是指提前预测对方的拳路，利用自己的拳击拼开或用手迎击对方拳击的防御动作。

① 双方同时准备基本站姿

② 对方实施刺拳攻击

③ 利用自己的拳击拼开或用手迎击对方的拳击

④ 完成上述动作后，自己拳击的那只手要迅速收回，另一只手做出保护面部的防守姿势

7）阻截

阻截（Blocking）是用手阻截对方拳击的防御动作。防守练习时腰要挺直，并且下颚内收。

① 双方同时准备基本站姿

② 对方从正面实施刺拳攻击

③ 对方刺拳攻击迫近时，利用双手防护面部，阻截对方来拳攻击

针对正面拳击的防御基础练习—直拳

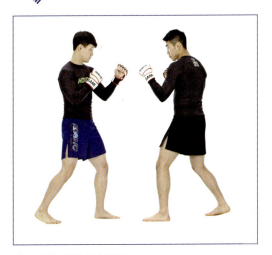

① 双方同时准备基本站姿

② 对方从正面实施直拳攻击

③ 对方直拳攻击迫近时,用双手防护面部,阻截对方来拳攻击

针对侧面拳击的防御基础练习—勾拳

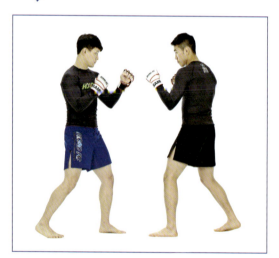

① 双方同时准备基本站姿

② 对方从左右两侧实施勾拳攻击

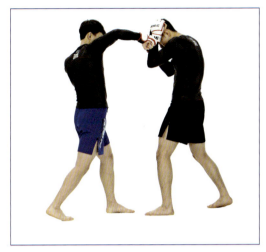

③ 对方直拳攻击迫近时，用双手防护面部，阻截对方来拳攻击

针对垂直拳击的防御基础练习—上勾拳

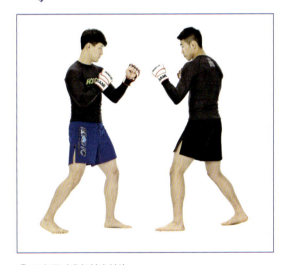

① 双方同时准备基本站姿

② 对方实施自下而上的上勾拳攻击

③ 对方上勾拳攻击迫近时,利用自己的一只手保护面部,另一只手的手掌阻截对方的来拳攻击

8)防御技术中常用的手、脚术语的区别

在基本站立姿势中,离自己的躯干近的手被称为前手,离自己的躯干远的手被称为后手。另外,在基本站立姿势中,还称位置靠前的脚为前脚,称位置靠后的脚为后脚。

9)防御踢腿的防守动作

初学者在学习双手防御低踢和中踢的防守技术时,会遇到很多困难。防御踢腿是在具备了可预测对方攻击的能力之后才有可能,因此应该提前熟悉抬起小腿防御踢腿的防守技术。此技术动作可以凭着身体重心的较少移动,有效地防御对方攻击。不过,由于身体重心的稳定是成功防守的关键,所以实施此防守动作时要集中注意力于身体重心的稳定上。

利用小腿防御对方踢腿攻击时,要注意将身体重心移至支撑身体站立的那条腿上。此外,还可以利用手,防御对方中踢、高踢和前踢的攻击,此时的身体重心一定要保持稳定,并将注意力集中于对方踢腿的动作上。

利用前脚和后脚防御低踢

① 双方同时准备基本站姿和标准防守姿势

② 对方实施低踢攻击

③ 提膝至膝盖与腰胯中间的位置

④ 为避免对方踢腿打破自己的身体重心平衡，尽量左右交替反复动作训练时保持下颚内收

利用前脚和后脚防御中踢

① 双方同时准备基本站姿和标准防守姿势

② 对方实施中踢攻击

③ 提膝至腰胯与前胸中间的位置

④ 为避免对方踢腿打破自己的身体重心平衡,尽量左右交替反复动作。训练时保持下颚内收

 **利用双手防御中踢**

① 双方同时准备基本站姿和标准防守姿势

② 对方实施中踢攻击

③ 一只手抬起保护面部,另一只手保护躯干部位

利用双手防御高踢

① 双方同时准备基本站姿和标准防守姿势

② 对方实施高踢攻击

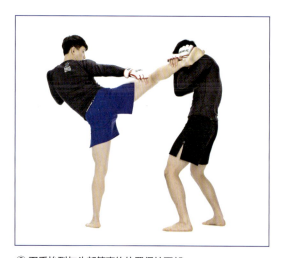

③ 双手抬到与头部等高的位置保护面部

利用双手防御前踢

① 双方同时准备基本站姿和标准防守姿势

② 对方实施前腿攻击

③ 一只手以向下迎击的方式防御对方踢腿的攻击，另一只手保护面部

利用双手防御推踢

① 双方同时准备基本站姿和标准防守姿势

② 对方实施推踢攻击

③ 一只手拨开对方踢腿，另一只手保护面部

6 基本步法及其动作要领

步法分为轻跑（Running Step）、滑步（Walking Step）、综合（Combination Step）三种形式。

1) 轻跑步法

轻跑步法是指双脚在地面上轻跑的步法，它是在拳击时运用较多的一种步法形式。对战中双脚快速移动并保持与对方间距的拳击选手（Out Boxer）多运用该步法。

由于轻跑步法可以迅速移动身体重心，所以可向对方发起承载身体重力的拳击。反复拳击、抽身是它的外在表现，不过如同上文所述一样，要想转移身体重心，就要以前脚和后脚的协调配合能力为前提。但是这种步法因双脚同时移动，而存在只能适用于拳击的缺点。此外，如果不能迅速转换步法，或拳击后抽身撤退过程中缺乏敏锐的距离感，反而会有遭到对方阻击（Counter）或抱摔的反击。

基本站姿下的轻跑

① 准备基本站姿和标准防守姿势

② 双脚上下交替轻跑

 **高站姿下的轻跑**

① 准备高站姿和标准防守姿势　　② 双脚上下交替轻跑

 **低站姿下的轻跑**

① 准备低站姿和标准防守姿势　　② 双脚上下交替轻跑

◆ 利用轻跑技术的前进步法练习—右撇子

① 准备基本站姿和标准防守姿势

② 后脚推进,双脚同时向前移动

③ 前脚后推,双脚移动至原位

◆ 利用轻跑技术的前进步法练习—左撇子

① 准备基本站姿和标准防守姿势

② 后脚推进,双脚同时向前移动

③ 前脚后推,双脚移动至原位

- 练习时要保持防守的姿势,身体重心始终放在双脚中间的位置,双脚抬起后,离地不能太远

◆ 利用轻跑技术的侧面步法练习—右撇子

① 准备基本站姿和标准防守姿势

② 利用前脚的推力，向右侧移动

③ 利用后脚推力回到原位

◆ 利用轻跑技术的侧面步法练习—左撇子

① 准备基本站姿和标准防守姿势

② 利用前脚的推力，向左侧移动

③ 利用后脚推力回到原位

利用轻跑技术的后侧步法练习—右撇子

① 准备基本站姿和标准防守姿势

② 利用前脚的推力，向右后侧对角线方向移动

③ 利用后脚推力回到原位

利用轻跑技术的后侧步法练习—左撇子

① 准备基本站姿和标准防守姿势

② 利用前脚的推力，向左后侧对角线方向移动

③ 利用后脚推力回到原位

2）滑步步法

滑步是看起来类似行走移动的步法形式，常见于近距离拳击、踢拳、泰拳等比赛中。因为是进入到对方打击范围内的步法移动，所以多在拳击或与对方近距离攻防中运用。

滑步主要运用在像拳击后踢腿或者踢腿后拳击这些通过胳膊和大腿的协作来完成的上下身攻击技术上。滑步时，身体重心不仅容易在上身和下身之间转移，而且可以在身体重心处于中间位置的状态下实施拳击和踢腿攻击，从而给对方造成技术上和心理上的压力。

此外，滑步还具有可支持拳击＋抱摔、踢腿＋抱摔、抱摔＋拳击、抱摔＋踢腿等多种攻击形式的优点。

基本站姿下的滑步

① 准备基本站姿和标准防守姿势

② 双脚上下方向抬起，轻走

③ 练习时要保持防守的姿势，身体重心始终放在双脚中间的位置，双脚抬起后，不能离地太高

高站姿下的滑步

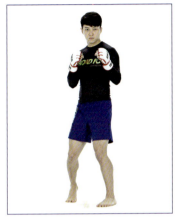
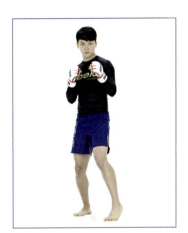

① 准备高站姿和标准防守姿势　　② 双脚上下交替抬起,脚掌离地不宜太远,轻走

低站姿下的滑步

① 准备低站姿和标准防守姿势　　② 双脚上下交替抬起,脚掌离地不宜太远,轻走

◆ **利用滑步技术的前进步法练习—右撇子**

① 准备基本站姿和标准防守姿势　　② 利用后脚的推力，双脚交替向前移动

◆ **利用滑步技术的前进步法练习—左撇子**

① 准备基本站姿和标准防守姿势　　② 利用后脚的推力，双脚交替向前移动

利用滑步技术的侧面步法练习—右撇子

① 准备基本站姿和标准防守姿势　　② 利用后脚的推力向右侧移动,改变自己与对方间的打击角度

利用滑步技术的侧面步法练习—左撇子

① 准备基本站姿和标准防守姿势　　② 利用后脚的推力向左侧移动,改变自己与对方间的打击角度

◆ **利用滑步技术的后侧步法练习—右撇子**

① 准备基本站姿和标准防守姿势　　② 后脚向右后侧对角线方向移动，改变与对方间的打击距离

◆ **利用滑步技术的后侧步法练习—左撇子**

① 准备基本站姿和标准防守姿势　　② 后脚向左后侧对角线方向移动，改变与对方间的打击距离

轻跑和滑步两种步法形式要恰当组合，在实战中要结合踢腿、拳击、抱摔等技术，综合起来一起运用。

进行步法训练时，要特别注意身体重心移动的方向，这是学习拳击和踢腿技术之前必须掌握的基本能力之一。身体重心移动的实际方向应该是水平的，而不是垂直的。初学者要集中精力学习两种步法移动技术，熟练掌握移动技巧后，再去学习拳击、踢腿或抱摔之类的综合性技术，这样才会更有效果。

3）综合步法

综合步法（Combination Step）是轻跑和滑步的组合步法形式，即单脚滑步与双脚轻跑形式的组合。

基本站姿下的综合步法

① 准备基本站姿和标准防守姿势　　② 滑步前进

③ 轻跑回归原位置

- 练习时要保持防守的姿势，身体重心始终放在双脚中间的位置，双脚抬起后，不能离地太高

高站姿下的综合步法

① 准备高站姿和标准防守姿势　　② 滑步前进　　③ 轻跑回归原位

54　国际综合格斗概论

低站姿下的综合步法练习

① 准备低站姿和标准防守姿势

② 滑步前进

③ 轻跑回归原位

利用综合步法技术的前进步法练习—右撇子

① 准备基本站姿和标准防守姿势

② 向右侧方向滑步

③ 轻跑回归原位

利用综合步法技术的前进步法练习—左撇子

① 准备基本站姿和标准防守姿势

② 向左侧方向滑步

③ 轻跑回归原位

利用综合步法技术的侧面步法练习—右撇子

① 准备基本站姿和标准防守姿势

② 向右后侧对角线方向滑步移动

③ 轻跑回归原位

- 练习时要保持防守的姿势，身体重心始终放在双脚中间的位置，双脚抬起后，不能离地太高

利用综合步法技术的侧面步法练习——左撇子

① 准备基本站姿和标准防守姿势

② 向左后侧对角线方向滑步移动

③ 轻跑回归原位

2 拳击、踢法和防御

打击系列中有很多基本技术，本书将选取其中的踢腿、水平闪躲、垂直闪躲、移动闪躲这四种基本技术详加说明。熟练掌握这些基本技术会对学习中、高级教材中更高水平的技术产生极大的影响。

在学习打击系列项目时，基本技术的熟练程度也会对更高水平技术或其他技术形式的学习过程和时限产生很大影响。因此，为了熟练掌握本教材重点讲解的攻击和防御动作，一定要投入大量的时间和精力进行反复训练。

1 拳击

拳击是用拳头击打对方的攻击形式，它既是站立打击系列项目中最重要的技术，也是决定胜负的核心要素。

拳击主要是在站立打击系列项目中运用。它种类繁多，其中代表性的有刺拳（Jab）、直拳（Straight）、勾拳（Hook）和上勾拳（Uppercut）等。

刺拳和直拳属于直线攻击轨道的拳击技术，它们的共同特点是打击距离长，因此可以有效地攻击远距离目标；勾拳和上勾拳则属于非直线攻击轨道的拳击技术，这类拳击有利于击打和攻防近距离目标，也可用于多角度的攻击。这样的原理也适用于踢腿技术。

1) 刺拳

刺拳是刺向对方面部或腹部的直线形拳头，多运用在调整与对方的打击距离的过程中。

刺拳的基本练习

① 准备基本站姿和标准防守姿势　　② 站在原地，用一只手打出高度与肩膀或头部等高的直线形拳击。握拳的大拇指的水平高度要低于小拇指

- 加强面部防御，前脚的身体重心迅速撤回原位。保持下颚内收，反复练习以上动作

刺拳 + 轻跑 + 前进步法—1

① 准备基本站姿和标准防守姿势　　② 实施刺拳攻击　　③ 做轻跑 + 前进的动作

- 加强面部防御。由于步法是随着身体重心的移动而移动的，所以为了便于身体转换方向，移动动作完成后身体要迅速返回原位，并保持下颚内收

刺拳 + 轻跑 + 前进步法—2

① 准备基本站姿和标准防守姿势

② 拳击 + 轻跑 + 前进动作同时进行

③ 上述动作完成后,随即返回原位

刺拳 + 轻跑 + 后侧步法—1

① 准备基本站姿和标准防守姿势

② 实施刺拳攻击

③ 取后侧轻跑步法

刺拳 + 轻跑 + 后侧步法—2

① 准备基本站姿和标准防守姿势

② 拳击的同时朝后侧轻跑，以此调整打击距离

③ 上述动作完成后，随即返回原位

刺拳 + 滑步 + 前进步法—1

① 准备基本站姿和标准防守姿势

② 实施刺拳攻击

③ 滑步前进

刺拳 + 滑步 + 前进步法—2

① 准备基本站姿和标准防守姿势　② 拳击的同时滑步前进　③ 上述动作完成后，随即返回原位

刺拳 + 滑步 + 侧面步法—1

① 准备基本站姿和标准防守姿势　② 实施刺拳攻击　③ 朝右侧方向滑步

刺拳 + 滑步 + 侧面步法—2

① 准备基本站姿和标准防守姿势
② 拳击的同时朝侧面方向滑步
③ 后脚推动身体朝左侧方向移动

双击刺拳 + 滑步 + 前进步法

  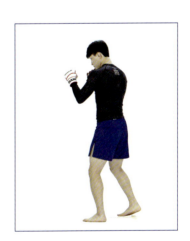

① 准备基本站姿和标准防守姿势
② 双击刺拳的同时滑步前进
③ 后脚推动身体向前移动

双击刺拳 + 滑步 + 前进步法—左侧

① 准备基本站姿和标准防守姿势　② 双击刺拳的同时朝正前方滑步前进

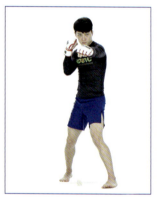 

③ 上述动作完成后，随即向左侧移动

双击刺拳 + 滑步 + 侧面步法—右侧

  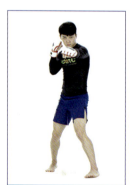

① 准备基本站姿和标准防守姿势　② 双击刺拳的同时朝正前方滑步前进

③ 上述动作完成后,随即向右侧移动

2) 直拳

直拳是攻击对方面部或腹部的直线形拳法,打向对方时要借助自身体重。

直拳的基本练习

① 准备基本站姿和标准防守姿势

② 利用后脚同一侧的手出拳,拳头与肩膀或头部等高直击,握拳的大拇指水平高度要低于小拇指

③ 转动脚、腰胯和躯干

- 加强面部防御,保持下颚内收。伸出的胳膊和身体重心一起迅速回归原位

◆ **右直拳 + 轻跑**

① 准备基本站姿和标准防守姿势　　② 右直拳拳击完成后，恢复标准防守姿势　　③ 做轻跑 + 前进的动作

◆ **右直拳 + 轻跑 + 前进步法 + 右直拳**

① 准备基本站姿和标准防守姿势　　② 右直拳拳击完成后，恢复标准防守姿势　　③ 做轻跑 + 前进的动作　　④ 反复实施动作②

- 加强面部防御。由于步法随着身体重心的移动而移动，所以拳击和步法移动结束后要迅速返回原位，以便身体转换方向，同时还要保持下颚内收

右直拳 + 滑步转换

① 准备基本站姿和标准防守姿势

② 右直拳拳击完成后，恢复标准防守姿势

③ 实施滑步动作，后脚移至前脚所在位置

④ 以上动作结束后，左脚随即迅速转换成前脚

右直拳＋滑步＋侧面步法

① 准备基本站姿和标准防守姿势

② 右直拳拳击完成后，恢复标准防守姿势

③ 侧面滑步，后脚向右侧移动，转换打击角度

3）左右直拳

左右直拳是左手和右手快速轮流出击直拳的拳法。左右直拳在攻击过程中，后脚、腰胯、躯干间的配合旋转非常重要。

左右直拳的基本动作练习

① 准备基本站姿和标准防守姿势　　② 实施左直拳攻击，同时轻跑前进　　③ 动作②完成之后，随即借助后脚脚踝的旋转力打出右直拳

- 加强面部防御。由于步法的移动是伴随着身体重心一起移动的，所以为了便于身体转换方向，移动动作完成后身体要迅速恢复原位，并保持下颚内收

左右直拳 + 轻跑步法 + 前进步法

① 准备基本站姿和标准防守姿势　　② 左右直拳出击

③ 做轻跑+前进的动作

左右直拳+轻跑步法+侧面步法

① 准备基本站姿和标准防守姿势　　② 左右直拳出击

③ 做轻跑+前进的动作　　④ 完成动作③后，双脚随即利用侧面步法向右侧移动，转换打击角度

左右直拳 + 轻跑前进步法 + 侧面步法 + 后侧步法 + 轻跑步法

① 准备基本站姿和标准防守姿势

② 实施左右直拳攻击的同时轻跑前进

③ 完成动作②后,利用侧面轻跑技术向右侧移动,转换打击角度

④ 完成动作③后,随即利用后侧轻跑技术向右后侧对角线方向移动,调整打击距离

4)勾拳

勾拳是近距离攻击对方的弧线形拳法,可用来攻击对方的左右两侧。脚、腰胯和躯干间的协调旋转对勾拳的施展非常重要,脚踝的功能性移动程度也是决定勾拳强度的关键因素。

运用勾拳之前,有特定的预备动作。这个预备动作就是在勾拳出拳前的阶段身体所做的准备动作。不过,越是勾拳高手就越难看出其是否有预备动作。

勾拳的基本练习

① 准备基本站姿和标准防守姿势

② 一条胳膊的肘关节弯曲成 90°～110°角，高度大致与肩膀或头部的位置取平，利用身体由外而内的旋转力带动手臂拳击

③ 反向重复动作②

- 加强面部防御。要熟悉身体重心从前脚到后脚、再从后脚到前脚的移动方法。要反复练习相关动作，下颚保持内收

◆ 预备动作的基本练习—左手

① 准备基本站姿和标准防守姿势

② 左臂抬到与自己肩膀和头部等高的位置，利用从左到右的旋转力形成椭圆形态

③ 准备基本站姿和标准防守姿势

- 加强面部防御，保持下颚内收

◆ 预备动作的基本练习—右手

① 准备基本站姿和标准防守姿势

② 右臂抬到与自己肩膀和头部等高的位置，并利用从右到左的旋转力形成椭圆形态

◆ 左勾拳 + 水平闪躲

① 准备基本站姿和标准防守姿势

② 实施左勾拳攻击

③ 原地水平闪躲
- 加强面部防御，保持下颚内收

④ 准备基本站姿和标准防守姿势

左勾拳 + 滑步步法 + 前进步法

① 准备基本站姿和标准防守姿势　　② 实施左勾拳攻击的同时，水平闪躲

③ 滑步前进

- 加强面部防御，保持下颚内收。由于步法随着身体重心的移动而移动，所以实施动作后要为迅速返回原位或向相反方向移动做好铺垫

左勾拳 + 滑步步法 + 侧面步法

① 准备基本站姿和标准防守姿势

② 实施左勾拳攻击的同时，水平闪躲

③ 通过右脚向右侧滑步，转换打击角度

左勾拳 + 滑步步法 + 后侧方步法

① 准备基本站姿和标准防守姿势　　② 实施左勾拳攻击的同时，水平闪躲

③ 通过右脚朝右后侧对角线方向滑步，调节打击距离

左勾拳 + 轻跑步法 + 前进步法

① 准备基本站姿和标准防守姿势　　② 实施左勾拳攻击的同时，水平闪躲　　③ 做轻跑 + 前进的动作

左勾拳 + 轻跑步法 + 侧面步法

① 准备基本站姿和标准防守姿势　　② 实施左勾拳攻击的同时，水平闪躲　　③ 通过向右侧轻跑，调节打击距离

左勾拳 + 轻跑步法 + 后侧方步法

① 准备基本站姿和标准防守姿势　② 实施左勾拳攻击的同时，水平闪躲　③ 通过向右后侧对角线的方向轻跑，调节打击距离

右勾拳 + 水平闪躲

① 准备基本站姿和标准防守姿势　② 实施右勾拳攻击　③ 原地水平闪躲

- 加强面部防御，保持下颚内收

◆ **右勾拳 + 步法转换（滑步）**

  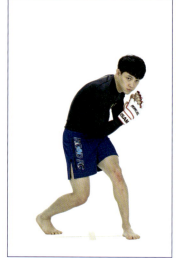

① 准备基本站姿和标准防守姿势　② 实施右勾拳攻击的同时，水平闪躲　③ 实施水平闪躲动作的同时，后脚移动至前脚的位置

- 加强面部防御，保持下颚内收。由于步法移动随着身体重心的移动而移动，所以实施动作后要为迅速返回原位或向相反方向移动做好铺垫。步法转换是指拳击后互换前后脚位置的动作

◆ **右勾拳 + 轻跑步法 + 前进步法**

① 准备基本站姿和标准防守姿势　② 实施右勾拳攻击的同时，水平闪躲　③ 做轻跑 + 前进的动作

- 加强面部防御，保持下颚内收。因为步法随着身体重心的移动而移动，所以实施动作后要为迅速返回原位或向相反方向移动做好铺垫

右勾拳 + 轻跑步法 + 后侧方步法

① 准备基本站姿和标准防守姿势　　② 实施右勾拳攻击的同时，水平闪躲　　③ 通过向右后侧对角线方向轻跑，调节打击距离

右勾拳 + 滑步步法 + 后侧方步法

① 准备基本站姿和标准防守姿势　　② 实施右勾拳攻击的同时，水平闪躲

③ 通过右脚朝右后侧对角线方向滑步，调节打击距离

右勾拳 + 滑步步法 + 步法转换

① 准备基本站姿和标准防守姿势　　② 实施右勾拳攻击的同时，水平闪躲

③ 前后脚位置互换，滑步前进

右勾拳 + 滑步步法 + 侧面步法 + 步法转换

① 准备基本站姿和标准防守姿势

② 实施右勾拳攻击的同时，水平闪躲

③ 通过右脚向右侧滑步，转换打击角度

5）上勾拳

上勾拳是攻击在较低位置的对方的垂直形拳法，可用于攻击对方的上下方位。上勾拳拳击的角度是从下到上，膝关节与腰胯的协调程度决定了拳击的强度，借助身体的移动出拳攻击会取得更好的打击效果。

左手上勾拳预备动作的基本练习

① 准备基本站姿和标准防守姿势

② 弯腰屈膝放低姿势，利用躯干的旋转动作形成左手从下到上实施拳击的准备姿势

- 加强面部防御，保持下颚内收

预备的基本动作练习—右手上勾拳

① 准备基本站姿和标准防守姿势

② 弯腰屈膝放低姿势，利用躯干的旋转动作形成右手从下到上实施拳击前的准备姿势

右上勾拳 + 垂直闪躲

① 准备基本站姿和标准防守姿势　② 实施右上勾拳攻击　③ 原地垂直闪躲

左上勾拳 + 垂直闪躲

① 准备基本站姿和标准防守姿势　② 实施左上勾拳攻击　③ 原地垂直闪躲

- 加强面部防御，保持下颚内收

◆ **左上勾拳 + 右上勾拳 + 垂直闪躲**

① 准备基本站姿和标准防守姿势　② 实施左、右上勾拳攻击　③ 原地垂直闪躲

- 加强面部防御，保持下颚内收

◆ **右上勾拳 + 左上勾拳 + 垂直闪躲**

① 准备基本站姿和标准防守姿势　② 实施右、左上勾拳攻击　③ 原地垂直闪躲

- 加强面部防御，保持下颚内收

左上勾拳 + 右上勾拳 + 滑步步法 + 前进步法

① 准备基本站姿和标准防守姿势

② 实施左、右上勾拳攻击

③ 原地垂直闪躲，随即滑步前进

- 加强面部防御，保持下颚内收。由于步法随着身体重心的移动而移动，所以实施动作后要为迅速返回原位或向相反方向移动做好铺垫

左上勾拳 + 右上勾拳 + 滑步步法 + 侧面步法

① 准备基本站姿和标准防守姿势　　② 实施左、右上勾拳攻击

③ 原地垂直闪躲，通过后脚向右侧滑步，变换打击角度

左上勾拳 + 右上勾拳 + 滑步步法 + 后侧方步法

① 准备基本站姿和标准防守姿势

② 实施左、右上勾拳攻击

③ 原地垂直闪躲，随即通过后脚朝右后侧对角线方向滑步，变换打击距离

左上勾拳 + 右上勾拳 + 轻跑步法 + 前进步法

① 准备基本站姿和标准防守姿势

② 实施左、右上勾拳攻击

③ 原地左右闪躲后，随即轻跑前进

左上勾拳 + 右上勾拳 + 轻跑步法 + 侧面步法

① 准备基本站姿和标准防守姿势

② 实施左、右上勾拳攻击

③ 原地左右闪躲后，随即通过向右侧轻跑前进，变换打击角度

左上勾拳 + 右上勾拳 + 轻跑步法 + 后侧方步法 + 轻跑步法

① 准备基本站姿和标准防守姿势

② 实施左、右上勾拳攻击

③ 原地左右闪躲后，随即通过朝右后侧对角线方向轻跑，调整打击距离

刺拳 + 滑步 + 前进步法 + 滑步 + 后侧步法

① 准备基本站姿和标准防守姿势

② 实施刺拳攻击

③ 滑步前进

④ 完成动作③以后，随即通过后侧滑步动作移动双脚至右后侧对角线方向，调整打击距离

刺拳 + 滑步 + 前进步法 + 左右直拳

① 准备基本站姿和标准防守姿势

② 实施刺拳攻击以后，重新准备标准防守姿势

③ 滑步前进　　　　　　　　　④ 完成动作③以后，随即实施左右直拳攻击

刺拳 + 滑步 + 侧面步法 + 左右直拳

① 准备基本站姿和标准防守姿势　　　② 实施刺拳攻击

③ 通过向侧面滑步转换打击角度，实施左右直拳攻击

刺拳 + 后侧步法 + 左右直拳

① 准备基本站姿和标准防守姿势　　② 实施刺拳攻击

③ 通过向后侧滑步转换打击角度，实施左右直拳攻击

刺拳 + 滑步 + 前进步法 + 轻跑 + 左右直拳

① 准备基本站姿和标准防守姿势　　② 同时实施刺拳攻击和滑步前进的动作　　③ 完成动作②以后，随即轻跑并实施左右直拳攻击

刺拳+滑步+侧面步法+轻跑+左右直拳

① 准备基本站姿和标准防守姿势

② 同时实施刺拳攻击和侧滑步的动作,向右侧移动

③ 完成动作② 以后,随即轻跑并实施左右直拳攻击

刺拳+滑步+后侧步法+轻跑+左右直拳

① 准备基本站姿和标准防守姿势

② 实施刺拳攻击以后,恢复标准防守姿势

③ 通过后侧滑步动作调整打击距离

④ 完成动作③ 以后,随即轻跑并实施左右直拳攻击

右直拳+左勾拳+滑步+侧面步法

① 准备基本站姿和标准防守姿势

② 实施右直拳和左勾拳动作

③ 实施利用侧面滑步动作调整打击距离的动作

◆ **右直拳+左勾拳+轻跑+后侧步法**

① 准备基本站姿和标准防守姿势

② 实施右直拳和左勾拳动作

③ 利用后侧轻跑动作，调整打击距离

◆ **右直拳+左勾拳+滑步+前进步法+右直拳**

① 准备基本站姿和标准防守姿势

② 实施右直拳和左勾拳动作

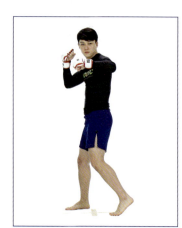

③ 滑步前进

④ 完成动作③以后，随即实施右直拳攻击动作

右直拳+左勾拳+滑步+侧面步法+右直拳

① 准备基本站姿和标准防守姿势

② 实施右直拳和左勾拳动作

③ 实施利用侧面滑步动作转换打击角度的动作

④ 完成动作③ 以后，随即实施右直拳攻击动作

右直拳+左勾拳+轻跑+后侧步法+右直拳

① 准备基本站姿和标准防守姿势

② 实施右直拳和左勾拳动作

③ 实施利用后侧滑步动作转换打击角度的动作

④ 完成动作③以后，随即实施右直拳攻击动作

① 准备基本站姿和标准防守姿势

② 交替实施轻跑时的左右直拳和站立时左右直拳的动作

第二章　站立打击技术　**105**

轻跑+左右直拳+滑步+侧面步法

① 准备基本站姿和标准防守姿势　　② 交替实施轻跑时的左右直拳和站立时左右直拳的动作

③ 实施利用侧面滑步动作转换打击角度的动作

轻跑+左右直拳+轻跑&后侧步法

① 准备基本站姿和标准防守姿势

② 交替实施轻跑时的左右直拳和站立时左右直拳的动作

③ 完成动作② 以后，随即利用后侧轻跑动作，调整打击距离

轻跑+左右直拳&左勾拳+轻跑+侧面步法

① 准备基本站姿和标准防守姿势　　② 交替实施轻跑时的左右直拳和站立时的左勾拳的动作

③ 完成动作② 以后，随即利用侧面轻跑动作，转换打击角度

轻跑+左右直拳+左勾拳+轻跑&后侧步法

① 准备基本站姿和标准防守姿势

② 交替实施轻跑时的左右直拳和站立时的左勾拳的动作

③ 完成动作②以后，随即利用后侧轻跑动作，调整打击距离

◆ **轻跑+左右直拳+左勾拳+右上勾拳+轻跑+侧面步法**

① 准备基本站姿和标准防守姿势

② 交替实施轻跑时的左右直拳、站立时的左勾拳和右上勾拳的动作

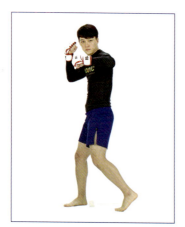

③ 完成动作② 以后，随即利用侧面轻跑动作，转换打击角度

◆ 轻跑+左右直拳+左勾拳+右上勾拳+轻跑+后侧步法

① 准备基本站姿和标准防守姿势

② 交替实施轻跑时的左右直拳、站立时的左勾拳和右上勾拳的动作

③ 完成动作②以后，随即利用后侧轻跑动作，调整打击距离

轻跑+左右直拳+左勾拳+右上勾拳+轻跑+左右直拳

① 准备基本站姿和标准防守姿势　　② 交替实施轻跑时的左右直拳、站立时的左勾拳和右上勾拳的动作

③ 完成动作②以后，随即实施轻跑和左右直拳的动作

2 踢法

踢法是利用脚或膝关节击打对方的攻击形式，在打击系列项目中不但是最重要的技术之一，还是决定胜负的关键要素。踢法种类繁多，代表性的有低踢（Low Kick）、中踢（Middle Kick）、高踢（High Kick）前踢（Front Kick）和推踢（Push Kick）等。在拳击、空手道、散打、跆拳道等打击类系列项目中可以看到这些踢法。

踢法根据打击轨道的不同大致可分为两种类型：一种是直线形攻击形式，有前踢、前推踢、膝踢等；另一种是曲线形攻击形式，有低踢、中踢、高踢等，这类踢法的攻击轨道是从左到右或从下到上的接近于圆形的非直线形踢法。

直线形攻击轨道的踢法能够有效地打击远距离目标，而非直线形攻击轨道的踢法能够准确地攻防近距离目标，且可以多角度攻击目标。

要想有效地运用踢法，不仅要理解上身和下身旋转的基本动作，还需要具备准确击中目标的均衡能力和手脚之间的协作能力。此外，在踢腿过程中及踢腿前后，加强面部的防御比什么都重要。

有关踢腿的手脚基本练习

① 准备基本站姿和标准防守姿势　　② 前脚和后脚交替行走

③ 训练时要时刻注意下颚的位置。为施展拳击和踢腿要持续地移动。此外，要注意身体重心交替转移至前脚和后脚时，不能过于偏向一侧，应注意保持在中间位置

1) 低踢

低踢是攻击对方膝关节侧面或大腿时所用的弧形踢法，一般在攻击对方左右两侧时运用。

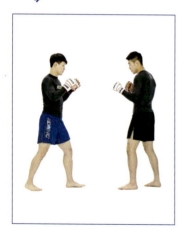  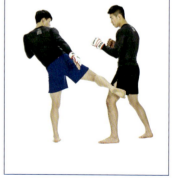

① 准备基本站姿和标准防守姿势　　② 脚、腰胯和躯干配合旋转，后脚低踢对方大腿外侧

 **前脚低踢的基本练习**

① 准备基本站姿和标准防守姿势　　② 脚、腰胯和躯干配合旋转，前脚低踢对方大腿内侧

2) 中踢

中踢是踢向对方躯干部位的弧形踢法，一般在攻击对方左右两侧时运用。

 **后脚中踢的基本练习**

① 准备基本站姿和标准防守姿势　　② 脚、腰胯和躯干配合旋转，后脚中踢对方躯干部位

◆ **前脚中踢的基本练习**

① 准备基本站姿和标准防守姿势

② 脚、腰胯和躯干配合旋转,前脚中踢对方躯干部位

3)高踢

高踢是踢向对方面部的弧形踢法,一般在攻击对方左右两侧时运用。

◆ **后脚高踢的基本练习**

① 准备基本站姿和标准防守姿势

② 脚、腰胯和躯干配合旋转,后脚高踢对方头部

◆ **前脚高踢的基本练习**

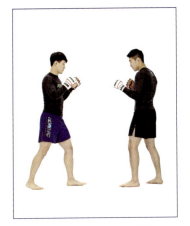
① 准备基本站姿和标准防守姿势

② 脚、腰胯和躯干配合旋转，前脚高踢对方头部

4) 前踢和推踢

前踢是踢向对方面部或腹部的直线形踢法，在对方正前方运用。

推踢的主要攻击目标是腹部。

◆ **后脚前踢 + 后脚推踢的基本动作练习**

① 准备基本站姿和标准防守姿势

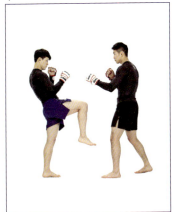
② 脚、腰胯和躯干配合旋转，上半身稍向后仰，后脚踢向对方躯干

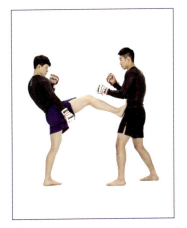

前脚前踢 + 前脚推踢 的基本练习

① 准备基本站姿和标准防守姿势

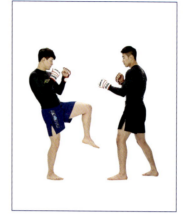

② 脚、腰胯和躯干配合旋转，上半身稍向后仰，前脚踢向对方躯干

3 防御

防御技术中包含着很多种类和技术，本教材将防御技术分为三个大类：一是身体重心向左右移动的水平闪躲（Slip）防御；二是身体重心向上下移动的垂直闪躲（Ducking）防御；三是身体重心全面移动的移动闪躲（Weaving）防御。

1）水平闪躲

水平闪躲是为了从对方出拳轨道的威胁中摆脱出来，身体重心向左右移动的一种闪躲技术。水平闪躲的早期要求是，把头和躯干的移动范围保持在双脚分开的间距之内。待熟练掌握基本动作后，在确保身体重心稳定的前提下，头和躯干的移动范围可以适当超过双脚分开的间距。但初学者一定要记住，要在双脚分开的间距之内反复练习水平闪躲。

水平闪躲技术看似只有腰胯移动的动作，但是实际上是恰当地利用腰胯和膝关节，向左右方向同时弯屈或摆动来完成的。

虽然根据不同情况会有些差异，但是与腰胯的弯屈旋转相比，膝关节的旋转可以实现更多角度的闪躲，而且这种动作与下面要介绍的步法结合运用的话，会取得更好的效果。

实施水平闪躲动作时，如果身体重心转移到左脚（前脚），会使右手和右脚（后脚）的活用率提高；反之，会使左手和左脚（前脚）的活用率提高。这意味着水平闪躲不仅有防御功能，而且还具有协助攻击的功能。

实施水平闪躲动作时，时常会出现左右摆动头部与躯干，身体重心放在一只脚上的情况。虽然不能断定这是错误的技术动作，但建议初学者还是将身体重心均匀地分散在双脚上。

如果身体重心不是均匀地分散在双脚上，而过于偏向一只脚，就可能会造成出拳和踢腿的攻击轨道和形式只能依赖于身体一侧的现象。

这种现象随着技术水平的提高，很有可能会成为妨碍学习者进一步提升实力的关键因素。因此，在实施水平闪躲动作时，如能理解身体重心的移动，熟练掌握基本动作和原理，就会取得很好的效果。

高效地运用基本动作，会对拳击和踢腿、地面技术和抱摔技术间的衔接给予很大帮助。

水平闪躲的基本练习——内侧水平闪躲

① 准备基本站姿和标准防守姿势

② 对方实施刺拳攻击

③ 向对方来拳的内侧（握紧拳头的大拇指一侧）移动

- 闪躲过程中身体重心会随着头部位置的变化发生移动，这就要求闪躲后能为身体重心迅速返回原位或向相反方向移动做好铺垫。避免弯腰，视线要朝正前方

水平闪躲的基本练习——外侧水平闪躲

① 准备基本站姿和标准防守姿势

② 对方实施刺拳攻击

③ 向对方来拳的外侧（握紧拳头的小拇指一侧）移动

防御刺拳的动作

① 准备基本站姿和标准防守姿势

② 对方实施刺拳攻击

③ 向对方来拳的内侧（握紧拳头的大拇指一侧）移动

④ 重复动作② ⑤ 向对方来拳的外侧（握紧拳头的小拇指一侧）移动

防御左右直拳的基本练习

① 准备基本站姿和标准防守姿势　　② 对方实施左直拳攻击　　③ 向对方来拳的内侧（握紧拳头的大拇指一侧）移动

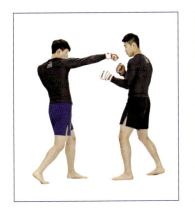

④ 对方右直拳攻击　　⑤ 向对方来拳的外侧（握紧拳头的小拇指一侧）移动

2) 垂直闪躲

垂直闪躲是身体为了从对方拳击轨道的威胁中摆脱出来，身体上下移动的一种闪躲技术。它分为垂直闪躲和半垂直闪躲两种类型。

垂直闪躲是指身体重心下沉，躲避对方直线或弧线形的拳击和踢腿攻击，或者让对方失掉攻击轨道的动作。同水平闪躲一样，实施垂直闪躲动作时弯屈膝关节有利于衔接其他技术动作。垂直闪躲的动作实施方向是自上而下，身体重心会自然地下沉到脚掌，这就有利于步法向前后的转换；并且垂直闪躲也适合于身体重心保持在单脚时的身体旋转；此外，在面对近距离的对手时，可有效地保持低身体重心，控制自己的攻击距离和姿势。

垂直闪躲的基本练习

① 准备基本站姿和标准防守姿势　　② 膝关节弯屈，腰胯和躯干上下移动

- 避免弯腰，视线要朝正前方

防御勾拳的基本练习

① 准备基本站姿和标准防守姿势　　② 对方实施勾拳攻击　　③ 膝关节弯屈，腰胯和躯干上下移动，垂直闪躲

- 闪躲过程中身体重心会随着头部位置的变化发生移动，这就要求闪躲后能为身体重心迅速返回原位或向相反方向移动做好铺垫。避免弯腰，视线要朝正前方。

防御左勾拳 + 右勾拳的基本练习

① 准备基本站姿和标准防守姿势

② 对方实施左勾拳攻击。腰胯和躯干上下移动,垂直闪躲

③ 对方实施右勾拳攻击

④ 重复动作③

3) 移动闪躲

移动闪躲与垂直闪躲相似,但与垂直闪躲时的单纯屈膝不同,移动闪躲是要用头或躯干的左右旋转以摆脱对方攻击轨道的闪躲技术。

移动闪躲跟垂直闪躲或半垂直闪躲相比,对身体重心移动的要求更全面。实施该技术时,身体重心不仅要上下移动,还要左右移动,因此步法停留在同一处的时间会比垂直闪躲或半垂直闪躲更长。 在移动闪躲时,如果自己在对方打击范围内,就应迅速地左右移动身体躲避攻击,同时再配合运用垂直闪躲效果就会更好。此外,随着移动闪躲能力的提高,还可以在双方的打击范围之外创造出多种拳击与踢腿角度,而且可通过躯干旋转在内的移动实施更有效的弧线形拳击和踢腿攻击。

水平闪躲、垂直闪躲和移动闪躲都是熟练掌握打击系列技术所需要的最基础、最重要的基本动作。

移动闪躲的基本练习

① 准备基本站姿和标准防守姿势

② 以膝关节和腰胯为轴，身体朝左侧转动

③ 以膝关节和腰胯为轴，身体朝右侧转动

- 闪躲过程中身体重心会随着头部位置的变化发生移动，这就要求闪躲后能为身体重心迅速返回原位或向相反方向移动做好铺垫。避免弯腰，视线要朝正前方

防御刺拳的基本练习

① 准备基本站姿和标准防守姿势

② 对方实施刺拳攻击

③ 身体向能够躲避对方拳击的一侧旋转

防御左右直拳的基本练习

① 准备基本站姿和标准防守姿势

② 对方实施左右直拳攻击

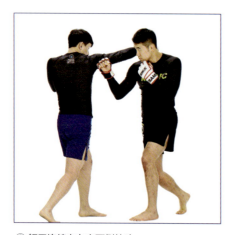

③ 躯干连续向左右两侧转动
- 重复动作②和动作③。

第三章

摔跤技术

在综合格斗的防守中，多以防御对方的拳或踢为主，因此不可照搬古典式摔跤或自由式摔跤中所用的技术。但是在抓捕、摔倒后搂抱对手的情况下所使用的技术，以及在维持身体重心时所适用的基本原理和动作，可以说与摔跤是基本相同的。

古典式摔跤的基本原理和技术看似简单，但与其他体育项目一样，也是以非常细致而系统的基本原理为基础的。不仅如此，要把摔跤技术运用到实战中，还要具有丰富的知识和大量的训练经历。而且，培养实战经验又需要较长的时间，所以本教材在讲解古典式摔跤技术时，仅限于学习综合格斗所涉及的最基础、最基本的技术。其中，着重讲解上身攻防技术、扰乱身体重心及因势利用对方身体重心等技术，其余的技术将在中、高级教材中讲解。

自由式摔跤比赛允许兼用上身和下身，因此其技术的种类和移动极其多样化。在自由式摔跤中，抱摔的许可距离相对于古典式摔跤来说要远一些，而且两者在比赛方式和技术规范上也有差异。

古典式摔跤里的近身攻防技术和移动、自由式摔跤里的地面及下身攻防技术和移动，都与综合格斗的相关技术非常相似。

古典式摔跤选手间的距离较近，因此相对于自由式摔跤来说，古典式摔跤更易于使用抓捕技术。换个角度来看，距离较近也意味着自己在对方的攻击范围里，加大了遭到攻击的危险；相反，自由式摔跤在此方面则相对安全一些。但是从身体的快速移动决定技术成功概率的特点来说，间距过大无疑也会给选手们造成很大的心理负担。

通过上述比较可以看出：在古典式和自由式这两种摔跤中，决定其技术发挥成功与否的关键是速度。

摔跤技术大致分为两个部分，即双方身体接触前所用技术和身体接触后所用技术。身体接触前注重的是步法的持续灵活运用技术，身体接触后注重的则是利用持续灵活的步法来调整自己和对方身体重心的能力。因此，学习摔跤时不能只强调技术，还要结合与对方身体接触前后的距离和状况，去思考和应对如何移动。

理解这一部分内容对提高摔跤技术水平有很大帮助，即便同打击系列技术结合时，对增强距离感和提高打击力来说也是非常有必要的。

综上所述，综合格斗和摔跤在技术上有很多共同之处，因此掌握摔跤技术对学习综合格斗的技术和移动会有很大帮助。

本书将重点讲解古典式摔跤的基本抓捕技术和自由式摔跤技术的基本原理及基础课程。当学习者熟练掌握以上各种技术后，就可以在综合格斗中、高级教材中深入学习古典式摔跤运用上身的基本技术及移动等内容。

1 站立时的常用技术

1 站姿

基本站姿（Stance Form）取决于一个人脚的位置、膝关节的角度、腰部弯曲程度、手的位置和身体重心等身体特征。

一般而言，步幅宽的站姿比较稳定，但过宽的站姿不利于进攻和防守时迅速做出相应的动作。在选取基本站姿时，充分了解个人的身体特征就显得尤为重要。恰当的基本站姿能迅速调整不稳定或失去的身体重心，因此保持基本站姿对技术动作的连贯转换有很好的效果。

站姿一般分为两脚平行站立的平行式站法（Square Stance）和两脚前后错开的错开式站法（Staggered Stance）两种形式。

（1）两脚平行站立的平行式站法有利于身体重心的左右移动。因身体重心在两脚间可以自由移动，抱摔时不会受方向的限制，所以平行式站法具有灵活发挥技术的优点。

（2）错开式站法的两脚是一前一后站立，所以与平行式站法相比更便于身体重心的前后移动。用一只脚来支撑身体重心，意味着前进或后退时有利于技术的发挥速度。

除此之外，还有与站立姿势相似的立姿（Standing Position）和半蹲形态的蹲伏姿（Crouching Position）。立姿多用于通过上身的力量来打破对方身体重心的古典式摔跤，因此对上身肌力的要求很高。蹲伏姿多用于通过上身和下身协作来打破对方身体重心的自由式摔跤，因此要求上身和下身肌力的均匀。

确定基本站姿时，要选定自己最擅用的脚及两脚间的步幅才能最有效率。不过，由于本教材侧重于介绍综合格斗所需的基本技术，所以建议采用便于从摔跤技术顺利转换到站立打击技术的站姿。熟悉平行式、错开式两种站姿，将有助于今后学习中、高级教材中讲解的古典式摔跤的多种技术动作和方法。

1）两脚间距不同的站姿

平行式站法

错开式站法

- 两脚平行站立

- 两脚前后错开站立

2）姿势高度不同的站姿

立姿

- 两脚步幅较窄的站立姿势

蹲伏姿

- 两脚步幅较宽，向下弯曲的姿势

3）姿势高度及两脚间距不同的动作

立姿 + 平行式站法

- 步幅较窄，两脚平行站立

立姿 + 错开式站法

- 步幅较窄，两脚前后站立

蹲伏姿 + 平行式站法

- 弯腰，步幅较宽，两脚平行站立

蹲伏姿 + 错开式站法

- 弯腰，步幅拉宽，两脚前后错开站立

4）摔跤步法

在摔跤过程中，最重要的是保持身体平衡。为抢先抓握而实施的移动中常常辅以步法，这对于发挥技术水平起到重要的作用。

步法移动时，应首先移动位于目标方向的那只脚。

立姿 + 平行式站姿时的基础步法练习

① 两脚平行，身体呈立姿

② 两脚平行站立，步幅较窄，身体向前移动

③ 反向重复动作②

④ 两脚平行站立，步幅较窄，身体向左移动

⑤ 反向重复动作④

立姿 + 错开式站法时的基础步法练习

① 双脚错开，呈平行姿势

② 两脚步幅较窄，前后错开站立，身体向前移动

③ 反向重复动作②

④ 两脚步幅较窄，前后错开站立，身体向左移动

⑤ 反向重复动作④

蹲伏姿 + 平行式站法时的步法基础练习

① 身体呈蹲伏姿，两脚平行站立　　② 两脚步幅较宽，平行站立，身体向前移动

③ 反向重复动作②

④ 两脚步幅较窄，平行站立，身体向左移动　　⑤ 反向重复动作④

蹲伏姿 + 错开式站法时的基础步法练习

① 身体呈蹲伏姿，两脚错开站立　　② 两脚前后错开，步幅较宽，身体向前移动

③ 反向重复动作②

④ 两脚前后错开，步幅较窄，身体向左移动

⑤ 反向重复动作④

2 抓握法

抱摔攻击时，上身要尽量贴近对方的身体。这样做会造成对方身体重心的不稳，提高摔倒对方的概率。

摔跤中所用的技术，大多数都要求将自己的手、手腕及肘关节等身体部位贴紧对方身体重心所在的腰胯部位。

这种动作能力对掌握基本技术起着重要作用。掌握了身体重心的移动和打破对方身体重心的原理，就可以学会摔倒对方的技术。

抓握法的重要性包括以下三个方面：

第一，可以使自己在与对方进行身体重心攻防时处于优势地位。

第二，稳健有力的抓握法能够在摔倒对方后，拖延对方恢复身体重心所需的时间，从而为自己调整有利的姿势提供更为充分的时间。

第三，使对方失去施展其他技术的时间，对技术转换所需姿势的调整过程也产生极大影响。

不合时宜的抓握法会使自己在与对方的抱摔中处于下风，导致体力和技术自信心的迅速下滑。

因此，为了有效地抱摔攻防，要认真学习准确稳健的抓握法基本技术和原理。

此外，抓握法在尚未施展出其技术之前的抱摔攻防中也发挥着重要作用，为了发挥稳健的抓握技术，需要反复练习。

本书将介绍手指相扣（Finger Grip）、手掌相握（Palm Grip）、猴子抓握（Monkey Grip）三种基本的抓握法，希望学习者在学习抓握法的同时还要牢记相关的各类术语。

1) 手指相扣

手指相扣法是一种手指与手指相扣的抓握法。此技法在综合格斗中使用最多，可用于抓握对方，身体的所有部位，但在抓握对方身体的某一部分或躯干后，受抓握法的特点所限，此技法留给对方的活动空间较大，很难保持束缚住对方的状态，因此需要展开持续的攻防。

手指相扣法的基本动作练习

① 两手手指互相交叉形态的抓握

② 手指相扣,抓握对方躯干

③ 手指相扣,抓握对方的腿

2) 手掌相握

　　手掌相握法是两个手掌紧握相贴的抓握法。此技法适用于抛掷对方身体或打破对方身体重心,进攻者的肌力强健时效果更佳,与手指相扣法相比能给对方更强有力的压迫感。

手掌相握法的基本动作练习

① 手掌与手掌相握的抓握

② 手掌相握,抓握对方的躯干

③ 手掌相握,抓握对方的腿

3) 猴子抓握

　　猴子抓握法是一只手抓住另一只手的手腕形成的抓握法。此技法常用于抬起抛掷或抓住对方，抓握时留给对方的活动空间比手指相握法狭小，与手掌相握法相比让对方承受的压迫要弱一些。

猴子抓握法的基本动作练习

① 双手手指相扣的抓握

② 用猴子抓握法抓握对方躯干

③ 用猴子抓握法抓住对方的腿

3 步法

步法（Step）是抓住对方或由抓住而放手继而摔倒对方时必须掌握的要素。它强调的基本要素是瞬间遏制快速移动或技术衔接的能力，以及持续实施此类动作的能力。

在摔跤中，步法贯穿于抓捕到摔倒对方的整个过程，因此在学习和掌握摔跤基本技术的同时，一定要练习步法，还要保持高度的注意力。

摔跤的步法，在与对方的接触前、接触中及接触后等各种状态下都要持续灵活地使用。在与对方身体接触前，要尽量把重心放得比对手低一些，并做到快速移动；在与对方攻防的过程中，或将自身的重心压到对方身上，或根据情况把步法的步幅变窄或变宽以利于转换方向，并迅速移动以便打破对方的身体重心。

由此可知，摔跤过程中连续的动作和移动非常重要。宽步幅的移动，多少会降低应付对方进攻技术时的反应速度。而且，身体如欲移动，无法快速付诸行动的可能性也很大。因此，选择与自己身体条件和特点相适应的紧凑型窄步幅更有利于保证速度。

另外，在与对方的扭抱攻防结束的瞬间，应迅速调整步法，以免在对方面前暴露出易被攻击的姿势。因此，利用稳定的步法与对方保持充分的距离，是非常有必要的。

摔跤技术的动作要领

摔跤技术大致分为两种形态,即抓住对方的抓捕技术和将对方抛掷或摔倒的扭倒技术。

在摔跤过程中,为了施展技术,搅乱或打破对方的身体重心稳定就显得很重要。不过,其效果会因个人的技术感觉和能力的不同而出现差异,因此需要通过反复的练习来领悟。

1 抓捕技术

抓捕技术包括扭抱(Clinch)、捆绑(Tie Up)、下勾(Under Hook)、上锁臂(Over Hook)、双腿抱(Double Leg)、单腿抱(Single Leg)、跪撑反夹头(Front Head Lock)等诸多技术。

此外,在古典式摔跤中还有很多其他抓捕技术,但本教材重点讲解综合格斗中最常用的上述抓捕技术。

1)扭抱

扭抱是指双方互相抓抱的所有状况。即使双臂没搂住对方腋下,仅仅是双方两手对握或抓住对方颈部的姿势也可称为扭抱。

扭抱状况是指抓住对方的手、颈或利用抓握法与对方持续攻防的状态,包括从双方身体接触的瞬间到分离的整个过程。

练习扭抱动作时,应反复尝试改变移动的方向和姿势的高低,并且要配合步法一同练习。

抓对方的手腕和脖颈

① 身体呈站立姿势　　② 抓住对方一只手腕和脖颈，自己的头部放在对方一侧肩膀（锁骨）之上

抓对方的肘关节和脖颈

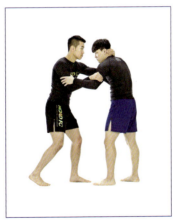

① 身体呈站立姿势　　② 抓住对方肘关节和脖颈，自己的头部放在对方一侧肩膀（锁骨）之上

抓对方的二头肌和脖颈

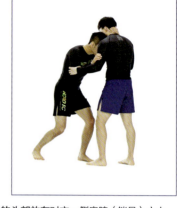

① 身体呈站立姿势　　② 抓住对方一侧的二头肌和脖颈，自己的头部放在对方一侧肩膀（锁骨）之上

两手抓对方的双手腕

① 身体呈站立姿势　　② 两手抓住对方双手腕，自己的头部要放在对方的头和颈部的正面

2）捆绑

捆绑技术包括抓住肘关节的掣肘（Elbowtie），抓住上臂二头肌的抓二头肌（Bicepstie）等技术。这些技术可以酌情与扭抱技术搭配使用。

（1）摔跤抓握法。

摔跤抓握法是指双方身体接触时推抓对方躯体的技术动作，只有采取正确的方法，才能轻松地实施抓摔这类的技术。

抓二头肌抓握法的基本练习

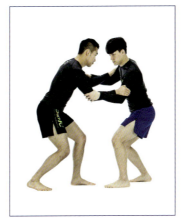

① 身体呈站立姿势　　　　　　　② 双手抓住对方的两侧二头肌
- 肘关节尽量避免张开

掣肘抓握法的基本练习

① 身体呈站立姿势　　　　　　　② 抓住对方的两侧肘关节后部
- 肘关节尽量避免张开

（2）综合式抓握法的基本练习。

抓二头肌抓握法和掣肘抓握法

① 身体呈站立姿势　　　　　　　　　② 抓住对方的一侧二头肌和另一侧肘关节
- 肘关节尽量避免张开　　　　　　　　　的后面部分

抓二头肌抓握法的动作练习—1

① 身体呈站立姿势　　　　　　　　② 配合步法，把对方向后推开
- 保持低屈膝姿势，同时利用步法移动身体，肘关节尽量避免张开

抓二头肌抓握法的动作练习—2

① 身体呈站立姿势　　② 两手抓住对方的二头肌，将对方拉到自己的正前方

- 保持低屈膝姿势，同时利用步法移动身体，肘关节尽量避免张开

掣肘抓握法的动作练习—1

① 身体呈站立姿势　　② 双手抓住对方的肘关节后部，将对方推向一侧

- 自己的头部靠在对方的头部和胸部之间，保持低屈膝姿势，同时利用步法移动身体，肘关节尽量避免张开

◆ 掣肘抓握法的动作练习—2

① 身体呈站立姿势　　　　　　② 两手抓住对方的肘关节后部，将对方拉到自己的正前方

(3) 综合式手握法的动作练习。

◆ 抓二头肌抓握法和掣肘抓握法的动作练习—1

① 身体呈站立姿势　　　　　　② 一只手抓住对方的二头肌，另一只手抓住对方的肘关节后部，把对方向后推开

- 自己的头部靠在对方的头部和胸部之间，保持低屈膝姿势，同时利用步法移动身体，肘关节尽量避免张开

抓二头肌抓握法和掣肘抓握法的动作练习—2

① 身体呈站立姿势　　② 一只手抓住对方的二头肌，另一只手抓住对方的肘关节后部，将对方拉到自己的正前方

- 自己的头部抵住对方胸部，保持低屈膝姿势，配合步法移动，肘关节尽量避免张开

3）下勾

下勾是指双臂插入对方的腋下抱住对方躯干的技术。单臂插入腋下抱住对方的技术称为单下勾（Single Under Hook），双臂插入腋下抱住对方的技术称为双下勾（Double Under Hook）。

下勾要求肘关节尽量贴紧对方的肋部，利用躯干的旋转锁住对方腋下的动作，是很重要的一环。为保持身体重心平衡，下身要左右来回移动。

下勾抓握法的基本练习（手脚位置相同）—1

利用手臂勾住对方的腿或腋下的抓握形态。

① 身体呈站立姿势　　　　　　　② 锁住对方一侧的腋下，头部放在对方的头部和脖颈之间

- 自己的肘关节尽量贴紧自己的肋部，下勾手臂同侧的脚放在对方双脚之间，自己的腰胯靠近对方身体

下勾抓握法的基本练习（手脚位置不同）—2

① 身体呈站立姿势　　　　　　　② 手臂配合步法，勾住对方的一侧腋下，自己的头部放在对方头部和颈部之间

- 自己的肘关节尽量贴紧自己的肋部，下勾手臂同侧的脚放在对方双脚之间，自己的腰胯靠近对方身体

下勾抓握法的动作练习—1

① 身体呈站立姿势

② 手臂配合步法，勾住对方一侧的腋下，自己的头部放在对方头部和颈部之间

③ 将对方脖颈推向一侧，接着往自己的身前勾拉对方
- 保持抓握法和头部位置的状态下移动

◆ 下勾抓握法的动作练习—2

① 身体呈站立姿势

• 保持抓握法和头部位置的状态下移动

② 手臂配合步法，勾住对方一侧的腋下，自己的头部放在对方头部和颈部之间

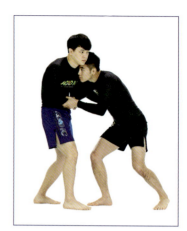

◆ 双下勾抓握法的基本动作练习—3

利用手臂勾住对方的腿或腋下的抓握形态。

① 身体呈站立姿势

② 手臂配合步法，勾住对方一侧的腋下

③ 实施动作②的同时，勾住对方另一侧的腋下，自己的头部放在对方头部和胸部之间

- 自己的两侧肘关节尽量贴紧自己的肋部，一只脚位于对方双脚之间，自己的腰胯靠近对方身体

双下勾抓握法的动作练习—1

① 身体呈站立姿势

② 锁住对方两侧腋下

③ 向后推开对方

- 保持抓握法，头部放在对方头部与胸部间，腿朝相同方向移动

双下勾抓握法的动作练习—2

① 身体呈站立姿势　　② 锁住对方两侧腋下

③ 将对方拉到自己身前

下面介绍使用下勾抓握法打破对方身体重心的动作练习。

① 身体呈站立姿势

② 勾住对方一侧的腋下,自己的头部放在对方头部和颈部之间

③ 用手指相扣法抓握对方躯干

④ 将对方拉到自己身前

- 顽强保持抓握法和头部的位置,利用腿部的移动打破对方的身体重心

下勾抓握法的动作要领—2

① 身体呈站立姿势

② 勾住对方一侧的腋下，自己的头部放在对方头部和颈部之间

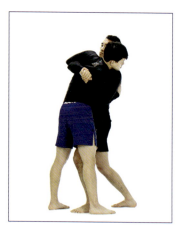

③ 手掌相握，抓握对方躯干

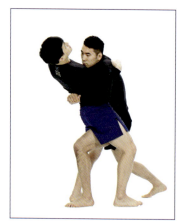

④ 向后推开对方

- 实施动作③ 和动作④ 时，顽强保持抓握法和头部的位置，利用腿部的移动打破对方的身体重心

 下勾抓握法的动作要领—3

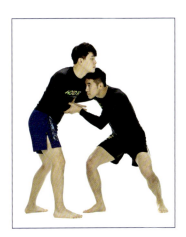

① 身体呈站立姿势　　　　　　　　② 勾住对方一侧的腋下，自己的头部放在对方头部与脖颈之间

③ 用猴子抓握法技术，抓握对方躯干　　④ 向后推开对方

双下勾抓握法的动作练习

① 身体呈站立姿势

② 勾住对方一侧的腋下，自己的头部放在对方头部与脖颈之间

③ 向后推开对方

4）上锁臂

上锁臂抓握法与下勾抓握法相反，多半用于防御对方的下勾技术或牵制对方的攻击，在某种情况下也会成为反击或攻击的技术。

上锁臂抓握法的防御动作练习

① 身体呈站立姿势

② 被对方勾住一侧腋下

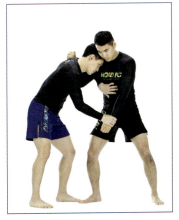
③ 自己的头部紧贴在与对方的头部等高或稍低的位置上

④ 用被勾住的手推开对方的身体

- 要做到自己的头部始终保持在对方头部以下的位置上

双上锁臂抓握法的防御动作练习

① 身体呈站立姿势

② 被对方勾住两侧腋下

③ 双手推开对方身体

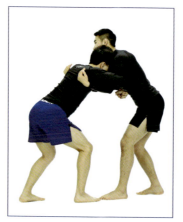

扭抱动作的练习

训练扭抱动作时,要反复持续地练习转换方向及姿势的高度,尽量利用步法来练习。

5)双腿抱

双腿抱是指抓握对方双腿的状况。

双腿抱抓握法的基本练习

① 身体呈站立、抓握准备姿势

② 双臂配合步法，抓握对方双腿

③ 实施该技术时，自己的头部和上身要尽量贴近对方的腿部和躯干（腰胯）

6）单腿抱

单腿抱是指抓住对方的单腿后摔倒或抛掷对方的技术。伸臂抓对方的腿时，先要尽量靠近对方，再实施抓握动作，注意要尽量降低身姿以便放倒对方。

此外，要判断好自己的头部位于对方身体的哪个部位，还要屈膝降低身姿，实施稳健的抓握法。

内单腿抱抓握法的基本练习

① 身体直立，呈抓握准备姿势
- 顽强地维持手握法抓握大腿的动作

② 双臂配合步法抓握对方的一侧大腿

③ 开始时，自己的头部应放在对方肩膀和颈部（锁骨）的位置上

外单腿抱抓握法的基本练习

① 身体直立，呈抓握准备姿势

② 双臂配合步法抓握对方的一侧大腿

③ 开始时，自己的头部应放在对方肩膀和颈部（锁骨）的位置上

7）跪撑反夹头

跪撑反夹头是指按压、勒紧对方头部的技术动作。在大部分情况下，施展这项技术时会同时勒住对方的脖颈和一条胳膊。此技术通常用于防御双腿抱或单腿抱等低位技术，还能用于对方进攻时可预测其头部转进的方向，而以此制服对方。

此技术是一并抓住对方的颈部和腋下，翻滚或抛掷对方的技术。它与抱摔相似，都是预先判断对方的攻击而进行防御，或搂住头部位置低于自己的对方时所使用的技术。

运用此技术时一并抓握对方颈部和腋下会更有效果，要用自己的胸部和手臂将对方的头部牢牢锁住，这一点很重要。

跪撑反夹头抓握法的基本练习

① 身体直立，呈抓握准备姿势

② 抓握对方的二头肌和颈部，使对方身体重心坠向自己的前方

③ 用自己的头及双臂锁住对方颈部和腋下

④ 用一条胳膊和躯干向下按压对方头部，另一只手控制对方腋下，将对方压倒在地

- 做以上动作时，自己的头部和躯干要尽量贴紧对方

2 抬起抛掷和推倒技术

抬起抛掷和推倒技术包括投掷摔（Armthrowing）、扛摔（Firemancarry）、过臀摔（Hipthrow）、双腿抱摔（Double Legtake Down）、内单腿抱摔（Inside Single Leg Take Down）、外单腿抱摔（Outside Single Leg Take Down）、低单腿抱摔（Low Single Leg Take Down）、抱起摔（Archthrow）、扫腿摔（Footsweep）等技术。

此外，还有很多古典式摔跤中的摔倒技术，但本教材主要介绍综合格斗中最常用的双腿抱摔、内单腿抱摔、外单腿抱摔的基本技术，并重点讲解这三种基本技术的实战练习要领。

1）双腿抱摔

双腿抱摔是指抓握对方的双腿将其摔倒的技术，是业余自由式摔跤中最基本的技术，可以根据不同情况演变为多种形式。由于此技术意在抓住对方的双腿将其摔倒，所以要事先采用抓握等技术，抬高对方的身体重心显得尤为重要。为了达到上述目的，要诱使对方把精力投放在头部和双臂的活动上，然后努力寻找抓住对方双腿的机会。

当为了抓握对方双腿试图抱摔的动作失败时，如果对方尚未使用跪撑反夹头技术，就要迅速调整并维持自身的身体重心稳定。即使试图抱摔失败而转入了与对方的抓握攻防战，但还占有身体重心低于对方、可以抢先抓握的优势。而且，当双腿抱摔技术水平达到一定程度后，也可以向单腿抱摔技术转换。

当伸臂抓捕对方的腿时，要应尽量拉近与对方的距离，降低自己的身体重心有利于摔倒对方。屈膝下蹲的动作是为了便于抓握对方的腰胯以上部位，在抓握过程中占得先机。

因此，建议果断地运用抱摔技术，这对今后双腿抱摔技术与综合格斗竞赛的结合发挥积极的作用。

抱摔技术基本练习—屈膝下蹲姿势

① 身体呈站立姿势

② 膝关节弯屈，放低身体重心

③ 移动后脚向前

- 做该动作时，要注意避免前后脚交叉

抱摔技术基本练习—屈膝下蹲姿势（两人一组练习抱摔动作）

① 身体呈站立姿势

② 膝关节弯屈，放低身体重心

③ 被对方两手推肩

④ 在对方结束推肩动作的同时移动后脚向前

⑤ 抓握对方的双腿，贴紧身躯

- 做该动作时，要注意避免前后脚交叉

抱摔技术基本练习—单侧膝关节触地姿势

① 身体呈站立姿势

② 膝关节弯屈，放低身体重心

③ 后脚向前推进，前脚膝关节触地后身体向前移动

④ 完成动作后，后脚迅速向前进，复归到起始的站立姿势

抱摔技术基本练习—单侧膝关节触地姿势（两人一组练习抱摔动作）

① 身体呈站立姿势

② 膝关节弯屈，放低重心

③ 被对方两手推肩

④ 在对方结束推肩动作的同时后脚推向前方，前脚膝关节触地后身体向前移动

⑤ 抓握对方的双腿，贴紧身躯

⑥ 完成动作后，后脚向前进，复归起始的站立姿势

- 练习摔倒技术时，要保持身体重心始终低于对方，注意力要集中在身体重心的移动方向和抓握法及步法上。

◆ 扰乱身体重心的基本练习—1

① 身体直立，做抓握准备姿势

② 将对方的肩膀推向其身体后方

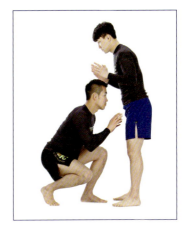
③ 完成动作②后，向下弯屈膝关节，放低身体姿势

◆ 扰乱身体重心的基本练习—2

① 身体直立，做抓握准备姿势

② 抓住对方肩膀，拉向自己的身前

③ 完成动作②后，迅速向下压低自己的身体姿势

- 扰乱身体重心的动作是基于作用与反作用的原理，是利用各类扭抱和抓握法打破对方身体重心的动作，学会它需要进行持续反复的练习

第三章 摔跤技术 **167**

双腿抱摔技术的动作练习—1

① 身体直立,做抓握准备姿势

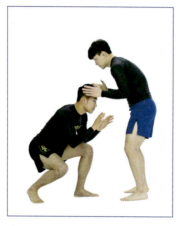

② 膝关节弯屈,做出下蹲抱摔动作

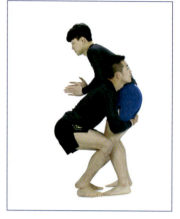

③ 完成动作②后,自己的头部要尽量迅速贴紧对方躯干(腰胯)

④ 完成动作③后,头和双臂配合步法将对方朝抱摔的方向摔倒

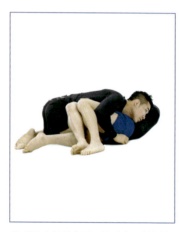

⑤ 借助自己的体重,将对方压制在地面

- 动作时,注意前后脚不能交叉

双腿抱摔技术的动作练习—2

① 身体直立,做抓握准备姿势

② 单侧膝关节触地,身体呈抱摔姿势

③ 完成动作②后,将自己的头部尽量贴紧对方的躯干(腰胯)

④ 完成动作③后,头和双臂配合步法将对方朝抱摔的方向摔倒

⑤ 借助自己的体重,将对方压制在地面

2）内单腿抱摔

内单腿抱摔是头部朝向对方腹部位置的抱摔形态。在实施内单腿抱摔技术的过程中自身的头部靠近对方的身体重心，可以轻易地从上、下、左、右不同方向打破对方的身体重心平衡，从而更有效地摔倒对方。

如果用此技术成功摔倒对方，就会让对方的臀部或背部着地，使交战模式由站立战转换为地面战；如果技术尝试失败，则可能因自己的头部靠近对方腹部，所以可迅速转换成双腿抱摔技术；但是，如果头部没有牢牢抵住对方的腹部，则很难打破对方的身体重心。因此，学习基本技术时，准确把握头部位置是非常重要的。此外，因为它是抓握对方单侧腿的攻击技术，所以运用膝关节和步法要简洁迅速。

当抱摔对方时，如果不能衔接好各项技术要素，不但不能摔倒对方，反而会消耗大量体力。因此，反复训练手脚密切配合的能力也是非常有必要的。

内单腿抱摔技术的动作练习—1

① 身体直立，做抓握准备姿势　　② 屈膝下蹲，做抱摔动作　　③ 完成动作②后，将自己的头部尽量迅速贴紧对方躯干（腰胯）

④ 完成动作③后，利用步法，摔倒对方　　⑤ 借助自己的体重，将对方压制在地面

- 由动作②衔接动作③时，头部的移动要迅速，抓握法要稳健且保持身体重心的平衡

内单腿抱摔技术的动作练习—2

① 身体直立，做抓握准备姿势　　② 单膝触地单膝触地，做抱摔动作　　③ 完成动作②后，将头部尽量迅速贴紧对方躯干（腰胯）

④ 完成动作③后，利用步法，摔倒对方

⑤ 借助自己的体重，将对方压制在地面

3) 外单腿抱摔

外单腿抱摔是将头部的位置朝向对方腰胯侧面、肋部或臀部的抱摔形式。与内单腿抱摔技术相比，头部距对方身体重心位置较远，这对打破对方身体重心或将对方摔倒来说，有一定的局限性。

不过，运用此技术时自己的头部与对方的腰胯在相同的位置上。因此，外单腿抱摔是便于从左右打破对方身体重心平衡，进而转向抱摔式攻击的一种技术。因此，要优先熟练掌握基本技术。在运用单腿抱摔技术时，不管采用何种形式，最重要的是尽量把对方摔倒。

本书将以单腿抱摔基本技术为基础，带领大家逐一学习其他各项应用技术。学习者初次接触新术语时也许会感到生疏，不过要在理解所学技术动作的基本原理上下功夫。现如今，在综合格斗中运用的摔跤技术正广泛地影响着综合格斗的其他技术形态，不断地朝着相互融合、相互补充的方向发展变化。得益于此，综合格斗又出现了许多新的技术。

摔倒或投掷对方是摔跤技术的本质。不过，在综合格斗项目中站立技和摔跤技已相互结合，努力打破对方身体重心的新方法和基本原理正在不断发展，对此要有充分的认识。学习者还要更清醒地认识到，掌握摔跤技术的根本目的是更好地学习综合格斗技术。

外腿抱摔技术的基本动作练习—1

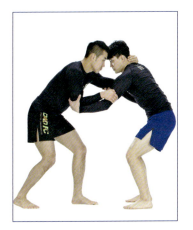

① 身体直立，做抓握准备姿势

② 屈膝下蹲，做抱摔动作

③ 完成动作②后，头部尽量迅速贴紧对方的躯干（腰胯外侧）

④ 完成动作③后，利用步法将对方摔倒

⑤ 借助自己的体重，将对方压制在地面

外腿抱摔技术的基本动作练习—2

① 身体直立,做抓握准备姿势

② 单膝触地,做抱摔动作

③ 完成动作②后,头部尽量迅速贴紧对方的躯干(腰胯外侧)

④ 完成动作③后,利用步法将对方摔倒

⑤ 借助自己的体重,将对方压制在地面

4）双腿抱摔技术的实战练习

被对方双手推肩的状况下，取抱摔准备姿势和双腿抱摔技术—1

① 身体呈站立姿势

② 被对方双手推肩

③ 移开对方的双手，放低站姿，身体呈抱摔姿势

④ 膝盖单侧触地，抱摔

⑤ 配合步法，摔倒对方　　⑥ 借助自己的体重，将对方压制在地面

- 完成动作④后，迅速抓住对方双腿，将头部尽量贴紧对方躯干（腰胯外侧）。双肘尽量贴紧自身的躯干，持续挪动双腿，直至对方摔倒

被对方双手推肩的状况下,取抱摔准备姿势和双腿抱摔技术—2

① 身体呈站立姿势

② 被对方双手推肩

③ 移开对方的双手,放低站姿,身体呈抱摔姿势

④ 屈膝下蹲,做抱摔动作

⑤ 配合步法,摔倒对方

⑥ 借助自己的体重,将对方压制在地面

被对方单手推肩的状况下,取抱摔准备姿势和双腿抱摔技术—1

① 身体呈站立姿势

② 对方做单手推肩动作

③ 移开对方的手,放低站姿,身体呈抱摔姿势

④ 膝盖单侧触地,抱摔

⑤ 配合步法,摔倒对方

⑥ 借助自己的体重,将对方压制在地面

被对方单手推肩的状况下,取抱摔准备姿势和双腿抱摔技术—2

① 身体呈站立姿势

② 对方做单手推肩动作

③ 移开对方的手,放低站姿,身体呈抱摔姿势

④ 屈膝下蹲,做抱摔动作

⑤ 配合步法,摔倒对方

⑥ 借助自己的体重,将对方压制在地面

双手掣对方肩膀的状况下，取抱摔准备姿势和双腿抱摔技术—1

① 身体呈站立姿势

② 双手配合步法，掣对方肩膀

③ 放低站姿，身体呈抱摔姿势

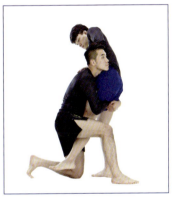

④ 单膝触地单膝触地，做抱摔动作

⑤ 配合步法，摔倒对方

⑥ 借助自己的体重，将对方压制在地面

双手掣对方肩膀的状况下,取抱摔准备姿势和双腿抱摔技术—2

① 身体呈站立姿势

② 双手配合步法,掣对方肩膀

③ 放低站姿,身体呈抱摔姿势

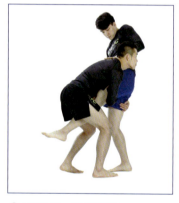

④ 屈膝下蹲,做抱摔动作

⑤ 配合步法,摔倒对方

⑥ 借助自己的体重,将对方压制在地面

单手挈对方颈部的状况下,取抱摔准备姿势和双腿抱摔技术—1

① 身体呈站立姿势

② 抓住对方颈部和胳膊,一只手配合步法拉近对方

③ 放低站姿,身体呈抱摔姿势

④ 单膝触地单膝触地,做抱摔动作

⑤ 配合步法,摔倒对方

⑥ 借助自己的体重,将对方压制在地面

第三章 摔跤技术 **181**

单手掣对方颈部的状况下，取抱摔准备姿势和双腿抱摔技术—2

① 身体呈站立姿势

② 抓住对方颈部和胳膊，一只手配合步法拉近对方

③ 放低站姿，身体呈抱摔姿势

④ 屈膝下蹲，做抱摔动作

⑤ 配合步法，摔倒对方

⑥ 借助自己的体重，将对方压制在地面

双手推开对方肩膀的状况下，取抱摔准备姿势和双腿抱摔技术—1

① 身体呈站立姿势

② 双手推开对方肩膀

③ 放低站姿，身体呈抱摔姿势

④ 单膝触地单膝触地，做抱摔动作

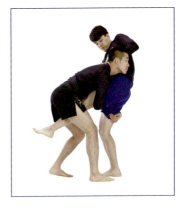

⑤ 配合步法，摔倒对方

⑥ 借助自己的体重，将对方压制在地面

双手推开对方肩膀的状况下，取抱摔准备姿势和双腿抱摔技术—2

① 身体呈站立姿势

② 双手推开对方肩膀

③ 放低站姿，身体呈抱摔姿势

④ 屈膝下蹲，做抱摔动作

⑤ 配合步法，摔倒对方

⑥ 借助自己的体重，将对方压制在地面

单手推开对方肩膀的状况下,取抱摔准备姿势和双腿抱摔技术—1

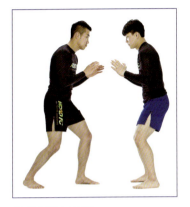

① 身体呈站立姿势

② 单手推开对方肩膀

③ 放低站姿,身体呈抱摔姿势

④ 单膝触地单膝触地,做抱摔动作

⑤ 配合步法,摔倒对方

⑥ 借助自己的体重,将对方压制在地面

◆ 单手推开对方肩膀的状况下，取抱摔准备姿势和双腿抱摔技术—2

① 身体呈站立姿势

② 单手推开对方肩膀

③ 放低站姿，身体呈抱摔姿势

④ 屈膝下蹲，做抱摔动作

⑤ 配合步法，摔倒对方

⑥ 借助自己的体重，将对方压制在地面

5）内单腿抱摔技术和外单腿抱摔技术的实战练习

练习内单腿抱摔技术和外单腿抱摔技术动作时，身体重心要低于对方，要将注意力集中在头部的移动方向和抓握法及步法的协调上。

被对方双手推肩的状况下，取抱摔准备姿势 & 内单腿抱摔技术—1

① 身体呈站立姿势

② 被对方双手推肩

③ 放低站姿，身体呈抱摔姿势

④ 单膝触地，抓住对方一侧大腿，抱摔

⑤ 完成动作④后，将自己的头部移动至对方的躯干部位（腰胯内侧），屈膝配合步法摔倒对方

⑥ 借助自己的体重，将对方压制在地面

- 为了发挥稳健的抓握法，要尽量将双肘拉近身体，头部贴紧对方躯干，持续移动双腿直到将对方摔倒

第三章 摔跤技术 **187**

被对方双手推肩的状况下,取抱摔准备姿势和外单腿抱摔技术—2

① 身体呈站立姿势

② 被对方双手推肩

③ 放低站姿,身体呈抱摔姿势

④ 屈膝下蹲,抓住对方一侧大腿,抱摔

⑤ 完成动作④后,将自己的头部尽量贴紧对方躯干(腰胯外侧),屈膝配合步法摔倒对方

⑥ 借助自己的体重,将对方压制在地面

被对方单手推肩的状况下,取抱摔准备姿势和内单腿抱摔技术—1

① 身体呈站立姿势

② 被对方单手推肩

③ 放低站姿,身体呈抱摔姿势

④ 单膝触地,抓握对方一侧大腿,抱摔

⑤ 完成动作④后,将自己的头部尽量贴紧对方的躯干(腰胯内侧),屈膝配合步法摔倒对方

⑥ 借助自己的体重,将对方压制在地面

被对方单手推肩的状况下，取抱摔准备姿势和外单腿抱摔技术—2

① 身体呈站立姿势

② 被对方单手推肩

③ 放低站姿，身体呈抱摔姿势

④ 屈膝下蹲，抓握对方一侧大腿，抱摔

⑤ 完成动作④后，将自己的头部尽量贴紧对方的躯干（腰胯外侧），屈膝配合步法摔倒对方

⑥ 借助自己的体重，将对方压制在地面

双手掣对方肩膀的状况下，取抱摔准备姿势和内单腿抱摔技术—1

①身体呈站立姿势

②双手配合步法掣对方肩膀

③放低站姿，身体呈抱摔姿势

④单膝触地，抓握对方一侧大腿，抱摔

⑤完成动作④后，将自己的头部向对方的躯干（腰胯内侧）移动，屈膝配合步法摔倒对方

⑥借助自己的体重，将对方压制在地面

第三章 摔跤技术 **191**

双手掌对方肩膀的状况下，取抱摔准备姿势和外单腿抱摔技术—2

① 身体呈站立姿势

② 双手配合步法掌对方肩膀

③ 放低站姿，身体呈抱摔姿势

④ 屈膝下蹲，抓握对方一侧大腿，抱摔

⑤ 完成动作④后，将自己的头部尽量贴紧对方的躯干（腰胯外侧），屈膝配合步法摔倒对方

⑥ 借助自己的体重，将对方压制在地面

单手掣对方颈部的情况下，取抱摔准备姿势和内单腿抱摔技术—1

① 身体呈站立姿势

② 单手抓住对方颈部和手臂，配合步法掣拽对方

③ 放低站姿，身体呈抱摔姿势

④ 单膝触地，抓握对方一侧大腿，抱摔

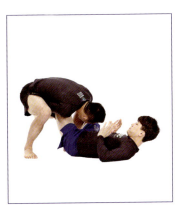

⑤ 完成动作④后，将自己的头部向对方的躯干（腰胯内侧）移动，屈膝配合步法摔倒对方

⑥ 借助自己的体重，将对方压制在地面

单手掣对方颈部的状况下,取抱摔准备姿势和外单腿抱摔—2

① 身体呈站立姿势

② 单手抓住对方颈部和手臂,配合步法掣拽对方

③ 放低站姿,身体呈抱摔姿势

④ 屈膝下蹲,抓住对方一侧大腿,抱摔

⑤ 完成动作④后,将自己的头部尽量贴紧对方的躯干(腰胯外侧),屈膝配合步法摔倒对方

⑥ 借助自己的体重,将对方压制在地面

双手推开对方肩膀的状况下,取抱摔准备姿势和内单腿抱摔—1

① 身体呈站立姿势

② 做双手推开对方肩膀的动作

③ 放低站姿,身体呈抱摔姿势

④ 单膝触地,抓握对方一侧大腿,抱摔

⑤ 完成动作④后,将自己的头部尽量贴紧对方的躯干(胯骨内侧),屈膝后配合步法将对方摔倒

⑥ 借助自己的体重,将对方压制在地面

- 为了能稳健的抓握,要尽量将双肘关节拉近身体,头部贴紧对方,持续挪动腿部直到将对方摔倒

双手推开对方肩膀的状况下，取抱摔准备姿势和外单腿抱摔—2

① 身体呈站立姿势

② 做双手推开对方肩膀的动作

③ 放低站姿，身体呈抱摔姿势

④ 屈膝下蹲，抓握对方一侧大腿，抱摔

⑤ 完成动作④后，将自己的头部尽量贴紧对方的躯干（胯骨外侧），屈膝配合步法将对方摔倒

⑥ 借助自己的体重，将对方压制在地面

- 为了能稳健的抓握，要尽量将双肘关节拉近身体，头部贴紧对方，持续挪动腿部直到将对方摔倒

单手推开对方肩膀的状况下,取抱摔准备姿势和内单腿抱摔技术—1

① 身体呈站立姿势

② 做单手推开对方肩膀的动作

③ 放低站姿,身体呈抱摔姿势

④ 单膝触地,抓握对方一侧大腿,抱摔

⑤ 完成动作④后,自己的头部尽量贴紧对方的躯干(胯骨内侧),屈膝配合步法将对方摔倒

⑥ 借助自己的体重,将对方压制在地面

单手推开对方肩膀的状况下，取抱摔准备姿势和外单腿抱摔—2

① 身体呈站立姿势　　② 做单手推开对方肩膀的动作

③ 放低站姿，身体呈抱摔姿势　　④ 屈膝下蹲，抓握对方一侧大腿，抱摔

⑤ 完成动作④后，将自己的头部尽量贴紧对方的躯干（胯骨外侧），屈膝配合步法将对方摔倒　　⑥ 借助自己的体重，将对方压制在地面

第四章

地面技术

综合格斗中的地面技术，是指除脚掌之外的膝盖、手等身体一些部位接触地面的一种格斗对抗形式。综合格斗比赛中出现的缠斗和勒绞等技术经常运用在地面技术项目上，现今已被大家普遍熟知的地面技术项目有柔术、桑搏、巴西式摔跤等。

柔术是在格斗比赛盛行的20世纪90年代被世人所了解的，它所具备的技术特点给综合格斗选手们留下了深刻印象，并逐渐得到普及和发展，到如今已成为一种大众化的地面运动项目。

柔术以柔道技术为基础，它不仅具备像柔道、摔跤那样摔倒或抛掷对方的技术，而且还具有调整攻击距离技术以及打击和防御技术等。

不过，由于关节技和绞技在综合格斗的地面技术比赛中崭露头角，在应对危机状况时得到很高的评价，所以现在已经发展为专门的技术，并且成为地面技项目中重点扶持的技术。

在早期的综合格斗比赛中为证明两种项目之间的优势，不得不带有双重格斗形式的倾向。但是，早期综合格斗中的这种倾向并非只有负面作用。

正因为此，柔术才被全世界综合格斗选手及普通初学者广泛熟知。人们也正是以此为契机，了解到普及地面类项目对提高综合格斗竞技水平的必要性。

在地面技术的状况下，关节技、绞技及跟对方攻防时的移动等是决定综合格斗比赛胜负的关键因素。柔术中有防守（Guard）、过腿（Guard pass）、浮固（Knee on Belly）、扫技（Sweep）、逃脱（Escape）、复位（Recovery）和降服（Submission Technic）等技术。柔术是由这些技术的攻防决定胜负的。

柔术所含的技术虽不一定全部适用于综合格斗，但是根据实战经验来看，柔术在综合格斗中具有足以扭转胜负的重要作用。

柔术是由基本技术和其他实用技术动作组合而成。根据情况的不同，其所用的技术也不尽相同。本教材主要选取柔术众多技术中有利于提高最基础、最基本的技术和能力的必备知识进行介绍。

此外，利用腰胯（下肢）的移动跟对方拉开距离的做法，是掌握地面技术必备的基本动作。对此动作的熟练程度决定着对此技术的习得水平，因此着重训练此动作也非常有必要。

1 地面体位的种类

地面体位有防守、下位，上位，攀爬、龟式、骑乘式等多种体位。这些体位可根据双方地面攻防时身体交错的状态加以细分。

大多数人对于地面格斗运动中，诸如坐在地面、背部触地的状态，或者背靠背，或者利用背靠背的动作，或者将对方摔、扭、勒的技巧等都感到生疏。

目前，柔术、桑搏和巴西式摔跤等地面类项目的外延在不断地扩大。不过，对于综合格斗的初学者来说，也许一开始就对各种动作和姿势的基本术语感到生疏。因此，要在完全熟记基本术语后再熟悉技术。这对于光理解身体的移动和技术的基本原理，进而理解和运用基本动作是非常必要的。

1 防守体位

防守体位（Guard Position）是用腿勾住对方的身体或一些部位的姿势，即在地面状态下用双腿勾住对方的躯干、双腿或一条腿的姿势。防守体位的标准姿势有封闭防守、半封闭防守、开放防守和蝶式防守等。

2 下位体位

下位体位（Bottom Position）是指背部着地或臀部着地的姿势。下位体位包括地面状态下双方交错时，背部着地或身体重心保持低于对方的所有姿势，即在防守体位中背部或臀部接触地面的情况，以及实施龟式体位的动作。

3 上位体位

上位体位（Top Position）是指对方背部着地时直视并压制着对方的体位姿势。即在地面战中，处在高于对方的身体体位，双脚和身体一部分接触地面，维持着一种从上往下压制住对方的状态。这意味着在地面状态下保持着高于对方的体位和身体重心。上位体位囊括了归属于地面体位的防守体位和骑乘式体位中自身处于上位的所有姿势。

4 攀爬体位

攀爬体位（Scramble Position）是指对战双方在地面状态下为了占据有利体位，在下位体位和上位体位之间持续进行地面攻防的状态或姿势。

5 龟式体位

龟式体位（Turtle Position）是指双肘关节和双膝关节同时着地，保持身体趴在地上的姿势。它在地面状态下是一种类似乌龟伏地背部朝天的姿势。龟式体位是持续性地面攻防的中间阶段下位逃脱或起身时常用的姿势，有时也可单独使用。

6 骑乘式体位

骑乘式体位（Mount Position）是指在地面状态下保持较高的身体体位和身体重心，或位于对方背后的姿势。这意味着突破了对方的防守，抓握了对方躯干或身体的一部分，从而压制着对方。属于这种体位的有前骑乘式、侧骑乘式和后骑乘式等。

防守的种类

地面状态下的防守跟站立状态下的防守相比，区别在于姿势不同。地面防守是指以背部着地躺倒姿势或臀部着地的坐姿，利用双腿防御来自对方的攻击或搂抱对方的技术。

单纯的柔术体育项目的防守类型多种多样，而本教材主要介绍综合格斗中最常用的基本技术，如封闭防守（Close（Cross）Guard）、半封闭防守（Half Guard）、开放防守（Open Guard）和蝶式防守（Butterfly Guard）。

1 封闭式防守

封闭式防守是用双腿夹住或锁住对方的状态，是地面项目中最具代表性的姿势。

封闭式防守的基本练习

① 对方背部着地，平躺在地上　　② 挤进对方的双腿间坐下　　③ 双手按住对方

- 完成动作①②③后，双腿夹住对方的躯干，形成交叉

第四章　地面技术　**203**

2 半封闭式防守

半封闭式防守是将对方一条腿用双腿夹住的姿势。

半封闭式防守的基本练习

① 对方背部着地，平躺在地上

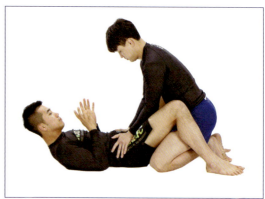

② 挤进对方的双腿间坐下

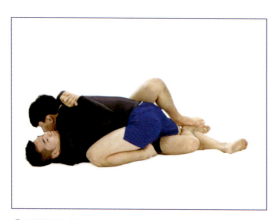

③ 双手按住对方

- 完成动作①②③后，利用双腿夹住对方的一条腿

3 开放式防守

开放式防守是把对方的躯干置于自己的双腿之间的姿势,但是与封闭式防守不同,双腿并未夹住对方。

开放式防守的基本练习

① 对方背部着地,平躺在地上

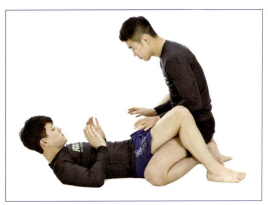

② 挤进对方的双腿间坐下

③ 双手按住对方
- 完成动作①②③后,形成双腿放在对方躯干两侧的姿势

4 蝶式防守

蝶式防守是将两条腿缠绕在对方的大腿上,看似被支撑着的姿势。

蝶式防守的基本练习

① 对方臀部着地坐下

② 挤进对方的双腿间坐下,做双手抓握对方躯干或腋下的姿势

③ 背部着地躺下的一方,双腿夹住另一方的躯干,形成交叉

- 完成动作①②③后,形成双腿放在对方躯干两侧的姿势

3 腰胯训练

腰胯训练是地面项目中最基础最基本的动作，其目的是把握腰胯的移动感。这是理解地面项目、掌握基本技术所不可或缺的部分。

大部分地面技术在正式学习之前，都要先行通过与腰胯移动相关的各种基本动作和移动的练习，以使技术动作更加娴熟。这些动作不仅是熟练掌握技术的基础训练动作，同时具有准备运动的热身功能。

以各种形式的腰胯移动为基础所进行的训练，称为基本腰胯训练。其种类包括翻滚、侧翻、侧卧臀部后移、臀部左右平移、旋转、卧姿起立、坐姿起立等动作。

这些基本技术动作不仅需要腰胯移动，而且为了完成腰胯移动和空间性移动，还需要上肢与下肢的协调配合。

如果能够熟练掌握这些基本技术动作，就能在接触高水平动作时更快地理解其基本原理和形态，而且在学习地面技术过程中要尽量多重复练习基本技术动作，以提高身体对技术的适应能力。

腰胯训练动作练习前的准备运动前翻

① 双脚张开站立，间距与腰胯同宽　　② 屈膝下蹲后，向前翻滚

③ 连续做动作②

腰胯训练动作练习前的准备运动后翻

① 双脚张开站立，间距与腰胯同宽　　② 屈膝下蹲后做后翻滚动作

③ 连续做动作②

腰胯训练动作练习前的准备运动侧翻

① 双脚张开站立，间距与腰胯同宽

② 一只手掌朝同侧脚边撑地，身体侧翻

③ 连续做动作②

腰胯训练动作基本练习坐姿起立

① 一侧臀部着地，单手撑住地面，呈坐姿

② 一侧手和脚撑住地面，另一只脚踢开对方并起身

③ 分别向左右两侧连续做动作②

腰胯训练动作基本练习卧姿起立

① 背部着地，平躺

② 对角线方向起身，一侧臀部着地，单手撑住地面，呈坐姿

③ 一侧手和脚撑住地面，另一只脚踢开对方并起身

④ 分别向左右两侧连续做动作③

- 躺在地上时，后脑勺不要着地

臀桥

① 背部着地,双腿垂直竖起,平躺

② 两脚(脚尖)撑地,抬起臀部和脚后跟

③ 一只手随视线朝着与头部成对角线的方向抬起

④ 分别向左右两侧重复此动作

- 身体重心转移到肩膀部位以配合动作,脚后跟和臀部之间的距离保持不变

侧卧臀部后移

① 背部着地平躺，双腿竖立

② 身体转向一侧，保持肩膀和地面垂直

③ 双手手尖朝脚尖方向伸展，利用着地的肩膀和脚（一只脚的大脚趾和另一只脚的小脚趾）撑地，臀部借助肩膀和脚的推力向身体的后方移动

④ 反向做动作③

- 动作开始时，双肘关节必须贴紧躯干。伸展双臂时，下半身贴紧上半身，躯干成弧形曲线，前胸朝地，与地面呈锐角。左右交替，反复实施动作③和动作④

臀部左右平移

蹲坐姿势下，臀部向前后、左右移动的动作。

① 臀部着地而坐，并保持双脚同时着地 　② 一侧手脚撑住地面，臀部向前后移动

③ 手脚与动作② 相同，臀部向左右移动

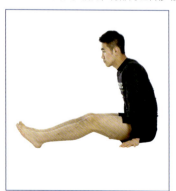

④ 连续做动作②③

- 臀部移动方向跟随脚后跟移动。身体重心跟随着地手脚移动，注意动作

背部平躺姿势下,通过上半身的移动完成起身的动作。

① 背部着地,平躺 ② 一侧肘关节支撑身体,上半身朝对角线方向起身 ③ 反向做动作②

- 完成动作②后,通过臀部的移动转换成坐姿,尽量连续做以上动作

鳄鱼式腰胯训练是一种能够促进手脚协调的动作,有利于身体姿势的有效维持。

① 身体伏地 ② 一侧的手脚支撑地面,另一侧的手脚向前移动 ③ 转换手脚,重复动作②

- 移动过程中,注意力集中于支撑身体重心的手脚移动上,同时连续实施以上动作

 **猴式腰胯训练**

猴式腰胯训练是指通过双手和双脚的协调配合，发挥躯体机能的动作，有助于姿势转换。

① 双拳触地，屈膝蹲坐

② 身体重心转移到双手，身体向侧面移动

③ 完成动作②后，双脚移动到双手所在的位置

- 移动过程中，注意力集中在支撑身体重心的手脚移动上，同时连续做动作②和③

 侧旋转

侧旋转是指肩膀着地，利用两脚脚尖和双手或肘关节实施翻滚的动作。

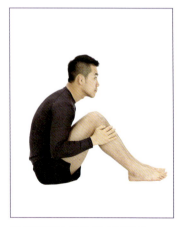

① 做臀部和双脚着地而坐的姿势

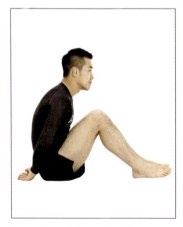

② 把翻滚朝向的手放在腰后

③ 利用触地的颈部和肩膀部位完成侧旋动作

4 防守突破

防守突破是指为了突破对方的防守而移动的所有动作。在综合格斗中，防守突破多与重击（Pounding）混合使用。

1 封闭式防守突破

封闭式防守突破（Close（Cross）Guard Pass）是指利用双腿锁住对方身体后，从对方双腿交叉的束缚中摆脱出来，进而压制对方躯干或其他身体部位的一种技术。

在实施这个技术动作过程中，要保持身体重心稳定，并且要做到左右连续进行。

封闭式防守突破动作练习-1

① 对方背部着地平躺后，用双腿锁住对方躯干

② 一只手按住对方的腹部，另一只手解开对方交叉的双腿

③ 解开对方双腿后,用一只胳膊夹住对方的大腿并拉过来贴紧自己的躯干,然后朝对方身体施压

④ 突破对方防守后,用双手和身体压制住对方的身体和颈部

封闭式防守突破动作练习—2

① 对方背部着地平躺后,用双腿锁住对方躯干

② 双手按住对方的腹部,一条腿贴紧对方的臀部,另一条腿朝后方对角线方向移动

③ 解开对方的双腿，用膝盖压住对方的一侧大腿

④ 突破对方防守后，用双手和身体压制住对方的身体和颈部

2 半封闭式防守突破

半封闭式防守突破是指从双腿锁住或勾住对方一条腿的姿势，转而压制对方的躯干或身体的其他部位的技术。

半封闭式防守突破动作练习—1

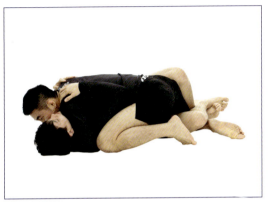

① 对方背部着地平躺后，用腿锁住对方的一条腿

② 一只手抓握对方的一侧腋下，另一只手抓握并压制对方的颈部，接着抬起臀部

- 翻滚过程中保持身体重心，注意背部和臀部不要着地。左右交替，连续进行

③ 利用未被锁住的另一条腿踢开对方的腿

- 半封闭式防守突破是把注意力集中在压制对方的状态下，利用未被锁住的一条腿实施突破防守的动作。此时要注意稳定身体重心，动作左右交替连续进行

半封闭式防守突破动作练习—2

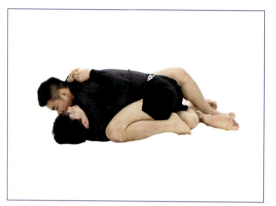

① 对方背部着地平躺后，用腿锁住对方的一条腿

② 利用自己的头部和一只手固定住对方的一侧腋下和颈部，让对方的头部无法移动后，抬起臀部

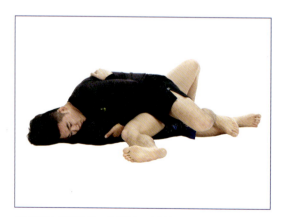

③ 利用未被锁住的一条腿踢开对方的腿

3 开放式防守突破

开放式防守突破时，虽然对方的躯干或身体的一部分也位于自己的双腿之间，但是与封闭式防守突破不同，它不是双腿锁住对方的姿势，而是压制对方躯干或身体其他部位的一种技术。在开放式防守突破过程中，不仅要将注意力集中于实施压迫的部位，而且还要实施突破对方防守的动作。此时，要严防失去身体重心，并且动作左右交替连续进行。

开放式防守突破动作练习—1

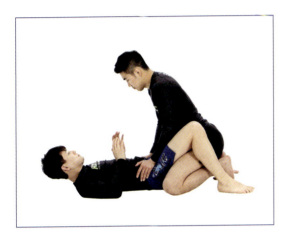

① 对方双腿分开躺在地上

② 一只手按住对方的腹部，另一只手配合膝盖按住对方的一侧大腿

③ 突破防守后,用双手和躯干压制住对方的身体和颈部

开放式防守突破动作练习—2

① 对方双腿分开躺在地上

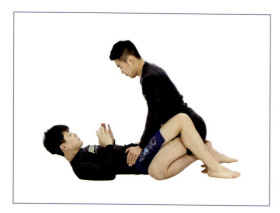

② 用双臂抓握对方双腿,朝对方的头部方向抬起,同时用自身的体重压制对方

③ 保持身体重心稳定的状态下，转到一侧用双手和身体压制对方躯干

4 蝶式防守突破

蝶式防守突破是指从双腿盘挂在对方大腿上的姿势中来回转换，进而压制对方躯干或其他身体部位的一种技术。

实施蝶式防守突破动作时，注意力要集中在用手按压的膝关节和身体重心的移动上，进而突破对方的防守。

蝶式防守突破 动作练习—1

① 对方臀部着地坐下，双腿放在对方双腿之间

② 双手合拢对方的双膝，推向侧面并牢牢地按压固定后，用自身的躯干压制对方

③ 突破防守后，利用自己的双手和躯干压制对方的躯干与颈部

蝶式防守突破的动作练习—2

  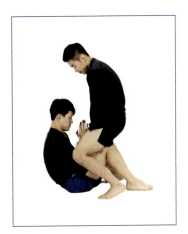

① 对方臀部着地坐下，双腿放在对方双腿之间

② 双手合拢对方的双膝后，快速跳到对方的腹部上

③ 跳到对方躯干上之后，用双手和躯干压制对方的躯干和颈部

 # 浮固

浮固是指用膝关节抵住对方的胸部或腹部，以此限制对方移动或将对方固定在地面上的技术，也可以指称利用自身体重压制对方前胸的技术。

 浮固

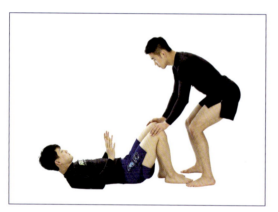

① 对方背部着地，平躺

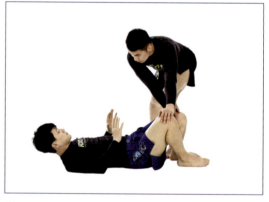

② 利用膝关节，朝对角线方向按压对方的腹部到肩膀

③ 左右交替实施动作②

- 实施以上动作时，要尽量把腰部和另外一条腿伸直，以保持身体重心平衡。为把控重心，双手要分别放在对方的腰胯和肩膀的位置上。熟练掌握动作②后，练习从多角度运用膝固技术

6 骑乘式姿势

骑乘式姿势是指突破对方防守姿势后,利用自己的前胸压制对方、骑在对方腹部上或从身后抱住对方等姿势。

即使处于用自己的前胸压制对方的状态,如果自己的双腿或一条腿被对方的腿夹住,那么从腿被夹住之时起,就算是转入到了地面状态。

骑乘式姿势包括从侧面压制对方的侧骑乘式(Side Mount)、把对方的腹部或前胸置于自己的双腿之间后利用体重压制对方的前骑乘式(Full(Front)Mount)、从对方背后压制对方的后骑乘式(Back Mount)等姿势。

前骑乘式姿势的基本练习

① 对方背部着地,平躺

② 利用腰胯和两大腿骑坐在对方腹部上

第四章 地面技术 **229**

③ 利用上半身压制对方躯干和头部

- 实施以上动作时，稳定身体重心，双手尽量避免被对方抓握

◆ **侧骑乘式姿势的基本练习**

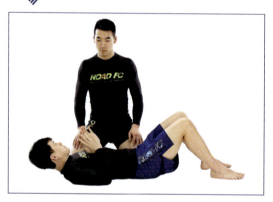

① 对方背部着地，平躺

② 一只手从对方的侧面抓握对方的腋下，另一只手抓握对方的颈部

③ 用上身压制对方的躯干

- 实施以上动作时，要保持身体重心稳定，让自己随着对方身体的移动而移动，以便压制对方

后骑乘式姿势的基本练习

① 对方两肘关节和膝盖着地,趴在地上

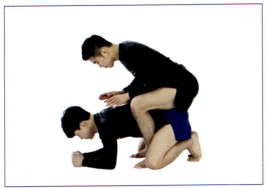

② 双脚勾住对方腰胯和大腿之间后,双手抓握对方的两手腕

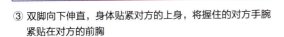

③ 双脚向下伸直,身体贴紧对方的上身,将握住的对方手腕紧贴在对方的前胸

- 为了避免受到对方移动或身体变姿的影响,要稳定身体重心,维持住抓握

摆脱

摆脱技术，即翻倒对方的技术，但是与对方占据有利姿势时的"逃脱"是有区别的。摆脱技术通常在身体重心低于对方的下身体位中使用。运用该技术的目的，是在地面状态下通过积极的移动和技术的施展，改变身体姿势和身体重心的位置。换句话说，摆脱是制造令对方不利的姿势时运用的技术，而"逃脱"则是把被对方控制的姿势转换成为相对安全的姿势时运用的技术。

摆脱技术虽然也有多种形式，但是比起其他地面类项目，其在综合格斗里的运用，显然没有"逃脱"技术的运用那么多，其原因是：第一，综合格斗在地面状态下也允许使用拳击和踢腿之类的技术；第二，在综合格斗比赛中，为了运用摆脱技术，要保持比对方低的姿势，而这样做对自己来说不是绝对有利的。

防守突破是在地面状态下打破对方防守的技术。综合格斗中的防守突破技术大多运用在上身体位中，其目的是冲破对方的防守，进而抢占有利的姿势。这种防守突破技术在凭着降服技术来决定胜负的地面项目中，被运用得更频繁。

以上两种技术形态在地面攻防中，用于抢占对自己有利的姿势和身体重心。为此，选手们既要具备能积极持久地移动的体能，还要熟练掌握基础动作。

防守突破和摆脱技术不仅能使地面状态变得更具活力，而且还可确保移动的持续性。这两种技术是只有训练过柔术等地面类项目后才能接触到的高级技术，同时也是最基本、最重要的移动动作。

封闭式防守摆脱动作练习—1

① 做出封闭式防守姿势

② 一只手抓握对方的一只手，另一只手插入对方双膝之间，抓握对方的一条腿

③ 利用插入对方两腿之间的手和脚，实施翻倒对方的动作

- 实施此动作时，重点是让对方的身体重心尽量靠近自己的身体重心。要持续移动臀部，还要牢固地维持抓握对方的状态

封闭式防守摆脱动作练习—2

① 做出封闭式防守姿势

② 抓握对方的一只手,单脚蹬对方的腰胯,同时通过移动臀部,扩充左右空间

③ 扩充足够的空间后,手放在对方双腿之间,实施翻倒对方的动作

锁臂（木村锁）摆脱

① 做出开放式防守姿势

② 单手抓握对方的一只手腕，用肘关节支撑身体，向对角线方向撑起上身

③ 另一只手伸向起身的方向，抓握对方的胳膊

④ 利用臀部的移动，朝起身的对角线方向翻倒对方

- 实施起身动作的同时，另一只手也要伸向抓握对方手腕的方向。伸出的手勾握住对方的肘关节后，拉近到自己的躯干，以此打破对方的身体重心

蝶式防守摆脱

在蝶式防守摆脱中,重要的是勾握对方腋下的能力,以及作为翻摔的脚和作为支撑轴的脚之间的协调配合。

① 做出蝶式防守姿势

② 双脚放到对方大腿之间

③ 勾握对方的一侧肘关节和另一侧腋下

④ 朝对方被勾握的肘关节方向翻倒对方
- 利用臀部的移动打破对方的身体重心,并保持抓握状态

逃脱和复位

逃脱和复位是指地面攻防状态下,为了不让对方占据有利姿势而保持原有姿势的移动(复位),或者为脱离不利的姿势所采取的动作、移动和技术等。

逃脱和复位是针对对方为抢占有利姿势而实施防守突破时常用的技术,主要表现在骑乘式、膝固、后骑乘式等技术攻防中。该技术的大部分动作都始于腰胯的移动。在地面状态中,腰胯移动不仅能调节自己与对方身体接触所需的距离,而且还能在双方身体紧贴的情况下拉开与对方的间距。

逃脱和复位技术运用成功时,能够使双方的姿势和位置发生互换,或者使自己回到不利姿势之前的状态。由此可见,当对方运用防守突破技术时,逃脱和复位是维持自己姿势安全的重要技术。

摆脱对自己不利的姿势,就可以动摇对方的攻击意志,甚至迫使对方放弃攻击。一般情况下,对方防守突破失败时,集中力也会暂时下降,这时要趁机快速摆出与对方对等乃至对自己有利的姿势。

综合格斗中运用的技术动作,跟单纯地面类项目中的攻防技术难免会存在一些差别,但两者的基本技术和实施技术时的身体移动及基本原理是一致的。因此,如果可以利用这些技术动作防御对方的防守突破,或通过持续的移动阻止对方抢占有利姿势的话,那就意味着在地面系列项目的移动技术方面踏上了一个新台阶。

下位体位中的后移动作也是本教材要学习的内容。这种动作通常是在下位体位状态下为了扩大与对方的空间距离而使用的,如能与腰胯动作搭配使用效果会更好。由于该动作会消耗大量的体力,所以实施快速灵巧的移动是非常有必要的。

臀桥

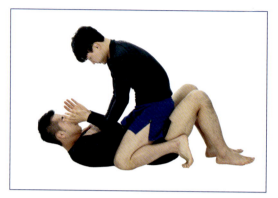

① 做出前骑乘式姿势

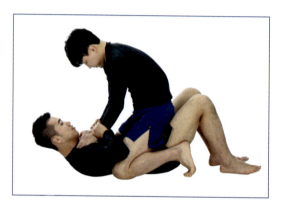

② 抓握对方的双手

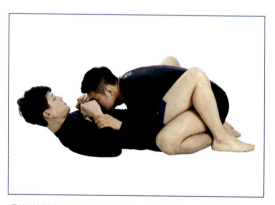

③ 视线转向头部对角线的方向，抬起臀部和脚后跟

- 此动作是身体朝对角线方向侧翻的基本动作，用来打破对方处于骑乘式动作姿势时的身体重心。实施此技术时，要做到只有肩膀触地，还要注意保持臀部与脚后跟的距离不能过远。要左右交替重复此动作

推肩和推腰胯

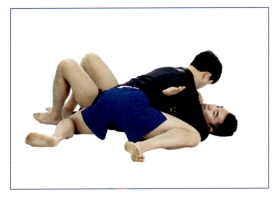

① 做出侧骑乘式姿势

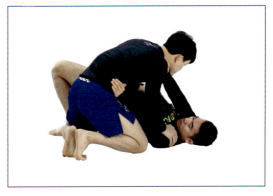

② 利用臀桥动作抬起臀部和脚后跟，扩充上下空间

③ 一只手推对方腰胯，另一只手推对方肩膀，同时后移臀部，做侧躺姿势

- 如果推对方肩膀和腰胯的动作与腰胯动作同时进行的话，左右可以扩大空间。技术实施过程中，尽可能运用一种动作。即使反复一个动作，也要持续把移动做到底，同时左右反复此动作

推颈部和推肩的动作练习

① 做出侧骑乘式姿势

② 利用臀桥动作抬起臀部和脚后跟，扩充上下空间

③ 双手手掌或肘关节推对方的颈部或肩膀，同时向后移动臀部，做侧躺姿势

- 如果推对方颈部和前胸的动作与腰胯动作同时进行的话，左右可以扩充空间。技术实施过程中，尽可能使用一种动作，即使反复一个动作，也要持续到最后，同时左右反复此动作

肘推—1

① 做出侧骑乘式姿势

② 利用臀桥动作抬起臀部和脚后跟,扩充上下空间

③ 两肘关节推开用力压制着自己的对方颈部或前胸,同时向后移动臀部,做侧躺姿势

- 双方相隔的空间较小,造成无法伸臂或难以用一只手掌推开对方时运用肘推技术,它是利用肘关节扩充空间的动作,左右肘关节反复此动作

肘推—2

① 做出前骑乘式姿势

② 利用臀桥动作抬起臀部和脚后跟

③ 随着臀部着地，利用臀部后移动作将身体向侧面翻转，肘关节推开对方膝盖，扩充空间

- 反复实施动作③

刺腋下—1

① 做出侧骑乘式姿势

② 利用臀桥动作抬起臀部和脚后跟，扩充上下空间

③ 随着臀部着地，利用臀部后移动作将身体向侧面翻转

④ 利用位于躯干部位一侧的肘关节刺对方的腋下

- 利用一侧肘关节刺对方腋下的动作与各种腰胯动作配合使用，可以形成许多类型的动作

刺腋下—2

一只手刺腋下的动作和腰胯动作配合使用，会取得很好的效果。

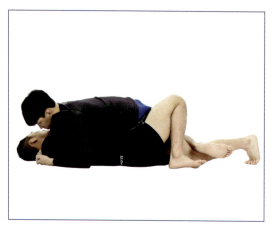

① 做出半封闭式防守姿势

② 臀部后移的同时，推开对方的腰胯和肩膀，扩充空间

③ 拉开与对方的距离后，一只手刺对方的腋下

双膝推—1

双膝推技术是在碰到肌力很大的对手，用手很难推开对方的情况下运用的动作。

① 做出开放式防守姿势

② 在开放式防守姿势下，合拢双膝，然后紧抵对方前胸

- 做双膝顶开对方前胸的动作时，注意臀部不要着地，反复该动作

③ 双膝同时用力，顶开对方前胸

双膝推—2

① 开放式防守姿势准备

② 通过移动臀部形成身体侧躺姿势，单膝紧抵对方前胸

③ 单膝顶开对方前胸

- 持续实施，左右反复交替

脚掌推膝

① 做出开放式防守姿势

② 移动臀部,拉开同对方的间距后,双脚掌交替紧抵对方腰胯

③ 分别用紧抵腰胯的脚掌,交替蹬开对方膝盖

- 该技术一般用于推开距离自己较远的对方。持续实施,左右反复交替

第四章 地面技术 **247**

脚掌推身

① 做出开放式防守姿势

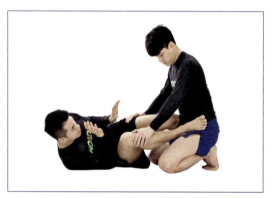

② 移动臀部,拉开同对方的间距后,双脚掌交替紧抵对方腰胯

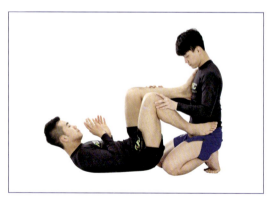

③ 分别用紧抵腰胯的脚掌,交替蹬开对方躯干

- 该技术同样适用于推开距离自己较远的对方。持续实施,左右反复交替

在侧骑乘式姿势下,刺腋下,起身

① 做出侧骑乘式姿势

② 利用臀桥动作抬起臀部和脚后跟,扩充上下空间

③ 用手掌或肘关节推开对方的颈部或肩膀,同时通过臀部移动做侧躺姿势

④ 单手刺对方腋下

⑤ 刺向腋下的手保持不动，反复利用另一侧肘关节和臀部的后移动作完成起身

在半封闭式防守姿势下，刺腋下，起身

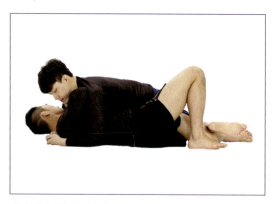

① 做出半封闭式防守姿势　　　　　　　　　② 利用臀部后移的动作拉开和对方的距离

③ 用手掌或肘关节推开对方的颈部或肩膀，同时通过臀部移动做侧躺姿势

④ 单手刺对方腋下

⑤ 刺腋下的手和腿部的半封闭式防守姿势保持不变，利用臀部的反复移动，绕到对方身后

 在侧骑乘式姿势下，推肩膀和腰胯，完成向封闭式防守姿势的转换

① 做出侧骑乘式姿势　　② 利用臀桥动作抬起臀部和脚后跟，扩充上下空间

③ 双手手掌或肘关节推开对方的肩膀或颈部

④ 利用臀部后移的动作做侧躺姿势

⑤ 对方身体间产生距离后,迅速插入自己的膝盖

⑥ 完成向封闭式防守姿势的转换

在前骑乘式姿势下,用臀桥动作完成向封闭式防守姿势的转换—1

① 做出前骑乘式姿势

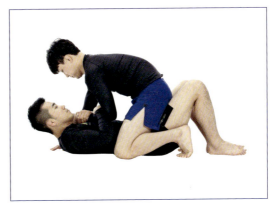
② 双手抓握对方的一只手和肘关节

③ 两条腿锁住对方的腿,做臀桥动作,并朝抓握的肘关节方向翻倒对方

④ 完成向封闭式防守姿势的转换

- 在封闭式防守中实施臀桥动作时,翻倒对方的方向要和自己的视线保持一致才会更有效果

在前骑乘式姿势下,用臀桥动作完成向封闭式防守姿势的转换—2

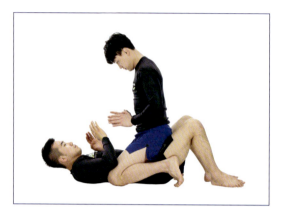

① 做出前骑乘式姿势

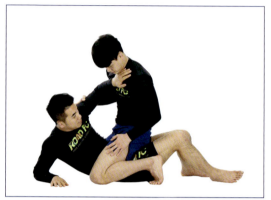

② 立起上身的同时,用一只手把对方的前胸推向腰胯下侧

③ 关节触地,利用移动臀部的动作,将推出的动作保持不变

④ 完成向封闭式防守姿势的转换

- 推向对方的手要一直保持用力,对方的身体重心被推得失去平衡时,积极实施臀部移动动作

降服术

地面状态下所用的降服术种类繁多且范围很广，本教材不可能对所有技术进行一一介绍，而是侧重于对技术运用所必备的基本原理和基础技术的讲解。至于对多种技术的介绍，将放在中、高级教材中讲解。

降服术的实施效果既取决于对基本原理、基础动作的熟悉程度，还取决于对技术动作运用的熟练程度。这些要素不仅能为使用降服技术创造现实条件，而且还能提高技术实施的成功率。换句话说，这些要素间的均衡跟成功概率有着密切的关系。

柔术、桑搏、巴西式摔跤之类的地面技系列项目中运用的大部分技术，均具有其所必备的基本原理，同时还具有其独有的原理。

无论哪种技术，如果在使用过程中脱离了基本原理和基础动作，就不能说是正确运用了此项技术。换句话说，不管是综合格斗地面状况下运用的地面技术，还是纯粹的地面类项目中尝试使用的技术，如果采用脱离基本原理和形态的方法去尝试技术的话，不仅不能确保成功，而且在接触技术的初期就可能遭遇麻烦。

因此，只有深入理解和掌握技术运用所蕴含的基本原理和基础动作，才能充分发挥技术应用能力和实战应对能力。

本书将着重介绍熟练掌握基本技术时必需的身体移动和动作，同时讲解实施基本技术时所要懂得的基本原理，先介绍地面状态下的基本移动和术语后，再介绍实战性的上身技术。

1 十字固

十字固（Arm Bar）技术利用了逼迫对方展开肘关节的原理，它是地面项目中最基础的动作，也是使用频率很高的技术之一。

该技术在上位体位、下位体位、背后体位、龟式体位等大多数地面体位中常常得到灵活运用。一般来说，利用自己的手脚和躯干锁住对方的身体，抑制其重心移动或身体平衡，这是运用该技术的起点。

运用十字固技术，需要先对腰胯的移动及手脚和躯干间的协作有一定理解，所以要熟练运用该技术，就应该首先掌握其基本的腰胯动作。

1) 下位体位 动作练习

在下位体位的状态下，扣住并压迫对方的双臂或单臂，为使对方肘关节弯曲，创造合适的身体角度。

封闭式防守姿势下的十字固

① 做出封闭式防守姿势

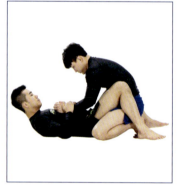
② 放开交叉的双腿，抓握对方双手，一只脚抵住对方腰胯，另一只脚牢牢锁住对方一侧肩膀

③ 通过臀部移动扳开对方肘关节

- 从左右方向持续反复练习

开放式防守姿势下的十字固动作练习

 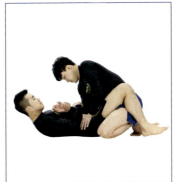 

① 做出开放式防守姿势

② 一只手抓握对方一条胳膊

③ 另一只手放在对方两腿之间,一只脚抵住对方腰胯,另一只脚抵住对方肩关节

④ 另一侧腿锁住对方的颈部,做扳开对方肘关节的动作

2) 上位体位动作练习

在上位体位的状态下,抓握并压制对方的两条胳膊或一条胳膊,为迫使对方肘关节弯曲,调整合适的身体角度。

前骑乘位十字固 —1

① 做出前骑乘位姿势

② 双手向下按压对方躯干

③ 抓握对方双臂,双腿压制对方颈部和躯干

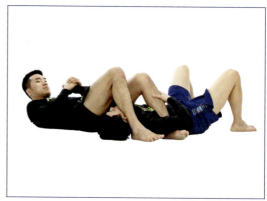

④ 扳开对方肘关节

- 实施臀部移动,左右连续反复练习

 前骑乘位十字固 —2

① 做出前骑乘位姿势

② 双手用力压制对方躯干

③ 通过双腿和臀部的移动,把腿摆成 S 形模样,压制对方的躯干和双臂

④ 抓握对方的双臂,用双腿压制对方的颈部和躯干,扳开对方肘关节

侧骑乘位

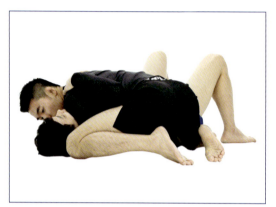

① 做出侧骑乘位姿势

② 压制对方的腋下和躯干，将自己的腿移向对方头部的另一侧

③ 扳开对方的肘关节，并用自己的腋下和躯干锁住肘关节后，实施反别动作

• 左右连续反复练习

2 绞技

绞技（Choke）是直接阻断对方颈部动脉血液流通的技术。它与十字固相同，都是地面系列项目中的基础技术，而且形式多样。

绞技在上位体位、下位体位、背后体位、龟式体位等地面状态下都可以灵活运用，是在双手或双腿可以夹住对方颈部的情况下使用的。绞技的代表性技术包括使用双臂的裸绞、断头台，还包括使用双腿的三角绞等。

绞技与十字固技术一样，运用时需要对腰胯的移动和手脚及躯干的协作有一定的理解，同时还需要有能够压制对方颈部的技术做配合。该技术是阻断对方颈部动脉血液流通的技术，因此在训练时，无论个人水平如何都要时刻注意。

1）三角绞动作练习

用双腿夹住并勒绞对方一侧腋下和颈部的动作。

封闭式防守姿势下的三角绞

① 做出封闭式防守姿势

② 利用交叉的双腿拉近对方躯干，使对方身体重心向前倾斜

③ 放开交叉着的双腿，用双腿和手锁定对方的双手，利用臀部移动促成角度

④ 迫使对方的一只手紧贴在他的腰胯上，用双腿夹住对方的颈部和腋下

⑤ 完成动作④后两手拉近对方颈部并实施勒绞动作

2)手臂三角绞(肩固)动作练习

手臂三角绞是利用上身控制并勒绞对方一侧腋下和颈部的技术动作。

◆ **侧骑乘式姿势下的手臂三角绞**

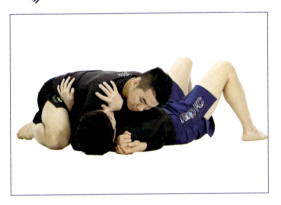 

① 做出侧骑乘式姿势　　　　　　　　② 一条胳膊勒住对方的颈部,用自己的头部控制住对方的腋下

 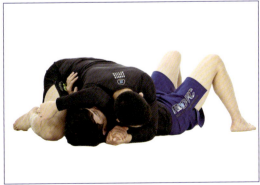

③ 完成动作②后,利用手臂和头部压制对方,并与另一只手配合形成抓握状态

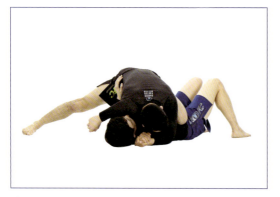 

④ 朝反向侧骑乘式姿势转换

⑤ 把自己的腹部尽量贴紧地面

- 转换位置时要保持身体重心稳定，朝左右方向持续反复做以上动作

3）裸绞动作练习

裸绞是用双臂从对方的身后勒住颈部的技术动作。

背后骑乘式姿势下的裸绞

① 做出背后骑乘姿势

② 从对方身后用一只胳膊套住对方颈部，另一只胳膊扣住对方腋下

③ 完成动作②后，随即利用套住对方颈部的胳膊勒绞对方，把扣住对方腋下的另一条胳膊抽出，双臂施压勒绞对方的颈部

- 双腿稳固有力地紧锁住对方躯干，让自己的躯干贴紧对方，左右连续反复以上动作

4）断头台绞动作练习

封闭式防守姿势下的断头台绞

① 做出封闭式防守姿势

② 利用双手和脚牵拉对方的头部，使对方的头部靠近自己的躯干

③ 完成动作②后，随即将对方头部夹在自己的腋下，一条胳膊套住对方的颈部

④ 完成动作③后，随即利用另一只手实施抓握勒紧的动作

- 腿部的封锁要牢固，让自己的躯干尽量贴紧对方，左右连续反复练习

3 锁臂

锁臂（Arm Lock）技术是指利用限制肩关节运动的原理进行直接反别的技术。

尽管锁臂不像十字固那样去展开对方的肘关节，但锁臂技术是对关节这个被选定目标的活动范围实施限制的技术，运用了给关节部位施加压力的原理。

这项技术看似简单，但由于它的攻击目标是人体较大的关节部位——肩关节，所以为了有效实施技术，需要理解和掌握与人体关节运动相关的知识。此外，还需要具备用双手和躯干限制对方手腕和肘关节活动的能力。

封闭式防守姿势下的锁臂

① 做出封闭式防守姿势

② 利用双脚牵拉对方，使对方的手掌触地

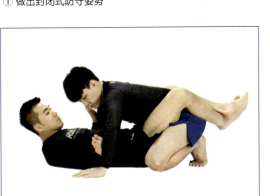

③ 完成动作②后，随即利用锁臂技术抓握对方的一侧手腕，另一只手抓握对方肘关节

④ 将对方被抓握的手腕，朝自己头部的方向抬起后，实施反别动作

⑤ 使对方肘关节贴紧自己前胸，同时让对方背部触地

- 左右连续反复练习

开放式防守姿势下的锁臂

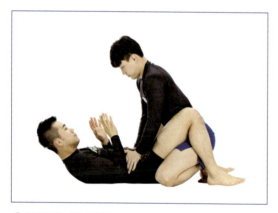

① 做出开放式防守姿势

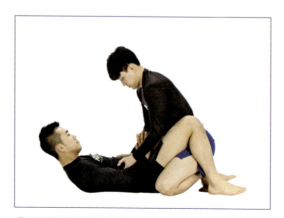
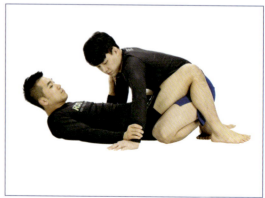

② 利用锁臂的基本动作抓握对方的一侧手腕，另一只手抓握对方的肘关节

③ 将对方被抓握的手腕，朝自己头部的方向抬起后，实施反别动作

④ 使对方肘关节贴紧自己前胸，同时让对方背部触地

- 左右连续反复练习

 侧骑乘姿势下的低锁臂

① 做出侧骑乘姿势

② 利用躯干压制住对方后，双手抓握对方的手腕和手臂

第四章 地面技术 **269**

③ 完成动作②后，随即将抓握对方手腕的手按在地面　　④ 将自己位于对方肘关节一侧的手臂和躯干一起朝腰胯方向抬起，实施反别动作

- 保持身体重心稳定，左右连续反复练习

前骑乘姿势下的低锁臂

① 做出前骑乘姿势　　② 利用躯干压制住对方后，双手抓握对方的手腕和手臂

③ 完成动作②后，随即将抓握对方手腕的手按在地面

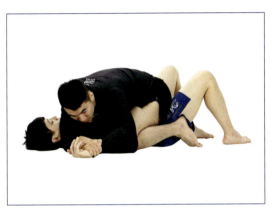
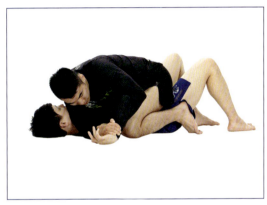

④ 将自己位于对方肘关节一侧的手臂和躯干一起朝腰胯方向抬起，实施反别动作

- 保持身体重心稳定，左右连续反复练习

侧骑乘姿势下的高锁臂

① 做出侧骑乘式姿势　　　　　　　　　② 利用躯干压制住对方后，双手抓握对方的手腕和手臂

第四章　地面技术 **271**

③ 完成动作②后，随即将抓握对方手腕的手按在地面

- 保持身体重心稳定，左右连续反复练习

第五章

重击技术

重击（Pounding）是指综合格斗中有别于其他搏击运动形态的技术之一。重击是在地面状态下从垂直或水平方向出拳击打对方的技术，在这种情况下打出的拳法都属于重击。

重击一般适用于骑乘姿势、防守姿势等地面状态。另外，与移动中积极活跃的状态相比，在对方移动或姿势受限的情况下，重击的使用效果会更明显，使用的形态也会更加多样。

如果想要有效地利用重击，就得让对方无法摆脱或较长时间处于地面状态。为达到这种目的，熟练掌握地面技术是前提，并且对敌我双方重心的移动和变化要有充分的理解。

当然也有一方选手在地面，而另一方选手处于站立状态时运用该技术的情况。此类情况将会在综合格斗中、高级教材中进行说明。本教材重点说明交战双方处于地面攻防状态时运用重击技术的方法。

与其他技术相比，重击的基本原理看上去可能比较简单，但是要应用到实战当中，就需要大量的练习和反复的适应。将出拳攻击移动目标跟出拳攻击不会移动的沙袋相提并论，无疑是认知重击的极大偏差。也就是说，学习重击前，一定先要认清出拳攻击移动目标的难度，再去选择基本技术和动作。

让我们先来设想一下骑乘体位时的情况：被骑乘体位困住的对方一定会尽力通过不断地扭动身体，力求摆脱束缚或寻找相对安全的姿势，像这样一边要应对对方的移动及姿势变化来稳定自己的身体重心和姿势，一边还要出拳攻击对方，这并不是一件很容易办到的事。

想要正确应对对方的移动，就要清楚地知道对方可能会根据实况的变化随时调整自己的重心和姿势。因此，在学习重击的基本技术动作时，要着重练习一边保持身体重心，一边出拳攻击的方法。

越是能摸透对方动作和身体重心的移动趋势，越容易在保持身体重心稳定的情况下进行攻击。想做到这一点，需要具备预测各种身体移动趋势的能力。而本教材主要是讲解在身体重心稳定的情况下，维持身体重心和姿势等，适用于基本重击技术的方法。

在熟练掌握地面技术的情况下，重击会产生更好的攻击效果。进行地面技术训练时，要清醒地认识到，重击技术可以随时运用到地面状况中。

1 出拳攻击和防守的基本练习

一方出拳攻击,防守方则在初始姿势下用膝关节或脚推开或翻倒对方。

封闭式防守姿势下的攻击和防守

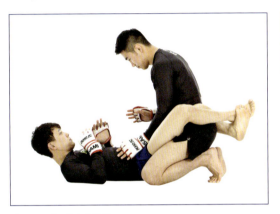

① 做出封闭式防守姿势

② 攻击者压制对方上身,同时出拳

③ 防御者搂住对方颈部和腋下

④ 攻击者两手抓握对方肱二头肌,用额头压制对方面部

- 无具体规则地实施动作②③④。攻击者和防御者都要不断尝试不同的技术、移动和出拳动作,以免被对方抓住弱点,对自己造成不利

第五章 重击技术 **275**

开放式防守姿势下的攻击和防守

① 做出开放式防守姿势

② 攻击者压制对方上身，同时出拳

③ 防御者搂住对方颈部和腋下

④ 攻击者为防止颈部和腋下被对方控制，抓握对方双臂（肱二头肌）并起身

- 无具体规则地实施动作②③④。攻击者和防御者都要不断尝试不同的技术、移动和出拳动作，以免被对方抓住弱点，对自己造成不利。同时，防御者要在现有的姿态下，不停地利用臀部的移动扩大双方的间距或贴紧对方，以防御对方的出拳

半封闭式防守姿势下的攻击和防守

① 做出半封闭式防守姿势

② 攻击者压制对方上身，同时出拳

③ 防御者用双腿和双手防御攻击，同时搂住对方颈部和腋下

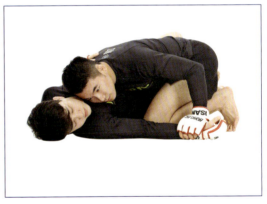

④ 攻击者用额头压制对方面部，连续尝试出拳

- 无具体规则地实施动作②③④。通过身体移动扩大空间或者造成对方的身体重心不稳时，利用脚和膝盖推开对方或利用刺腋下之类的动作尝试起身。此时，如果与对方的姿势发生转换或摔倒的话，则应回到最初的姿势后，重复练习

2 重击出拳突破冲破防守的动作练习

重击出拳时,使用垂直和椭圆重击,让对方形成双臂防守面部的姿势后,实施地面技术姿势中所学的防守突破。

重击出拳 + 封闭式防守突破—1

① 做出式姿势

② 双手压制对方的双臂(肱二头肌)

③ 重击出拳

④ 实行动作②和动作③

⑤ 突破对方防守后，一只手压制对方腹部，另一只手抓握对方一条腿并使其紧贴在自己的前胸

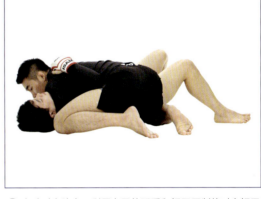

⑥ 将被对方抓握的腿翻到侧面

⑦ 突破对方防守，利用自己的双手和躯干压制对方躯干和颈部

• 实施防守突破动作时，要注意保持身体重心稳定，左右连续重复练习

重击出拳 + 封闭式防守突破—2

① 做出封闭式防守姿势

② 双手压制对方前胸,由防守起身,接着一只手压制对方前胸,另一只手重击出拳

③ 突破对方的防守后,一只手压制对方腹部,另一只手配合膝关节压住对方一条腿

④ 突破对方防守,利用自己的双手和躯干压制的对方躯干和颈部

重击出拳 + 半封闭式防守突破—1

① 做出半封闭式防守姿势

② 一只手压制对方头部,另一只手重击出拳

③ 完成动作②后,随即用双手抓握对方的颈部和一侧腋下,压制对方的躯干和头部的状态下,立起臀部

④ 利用没被锁住的一条腿推开对方的腿，从对方的防守中抽出大腿

• 实施半封闭式防守突破技术动作时，要保持身体重心稳定，左右连续反复练习

重击出拳 + 半封闭式防守突破—2

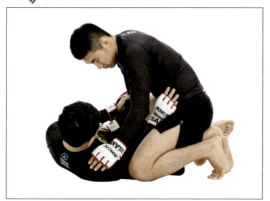

① 做出半封闭式防守姿势

② 一只手压制对方头部，另一只手重击出拳

③ 完成动作②后，随即用自己的一只手和头部锁住对方颈部和一侧腋下，使对方头部不能活动后，立起臀部

④ 利用没被锁住的一条腿推开对方的腿，从对方的防守中抽出大腿

重击出拳 + 开放式防守突破—1

① 做出开放式防守姿势

② 双手压制对方的腹部和前胸之间的部位，起身，双手重击出拳

③ 利用自己的双膝向对方的双腿施加压力，迫使对方双腿向躯干方向靠拢

④ 抓握对方大腿，朝侧面翻转

⑤ 突破对方防守，利用自己的双手和躯干压制对方的躯干和颈部

- 实施开放式防守突破技术动作时，要保持身体重心稳定，左右连续反复练习

重击出拳 + 开放式防守突破—2

① 做出开放式防守姿势

② 双手压制对方的腹部和前胸之间的部位，起身，双手重击出拳

③ 利用自己的双膝向对方的双腿施加压力，迫使对方双腿向躯干方向靠拢

④ 抓握对方的两条腿

⑤ 挪开被对方抓握的腿，同时重击出拳

⑥ 突破对方防守，利用自己的双手和躯干压制的对方躯干和颈部